L'ANGE DES MERS

L'auteur

Florence Reynaud est née à Angoulême, au sein d'une famille venant de plusieurs horizons. Ses rêves d'enfant étaient peuplés de chevaux, de loups, mais aussi de longs voyages sur l'océan. Après s'être imaginée « marin », elle espère devenir un jour archéologue ou écrivain. Mère de six enfants, lectrice avide, elle choisit enfin l'écriture qui lui permet de raconter des histoires où les animaux sont très présents. Fascinée par les dauphins, au sujet desquels circulent tant d'anecdotes aussi troublantes que véridiques, elle aime par-dessus tout évoquer le sens merveilleux des rencontres entre les animaux et les enfants, sources de bonheur, d'affection sans condition.

Vous êtes nombreux à nous écrire
et vous aimez les livres de la série

Dylan le dauphin

Adressez votre courrier à :
Pocket Jeunesse, 12, avenue d'Italie, 75013 Paris.
Nous transmettrons vos lettres à l'auteur
qui vous répondra.

Dylan le dauphin

Florence Reynaud

L'ange des mers

POCKET
jeunesse

Loi n° 49-956 du 16 juillet 1949 sur les publications destinées à la jeunesse : mars 2002.

ISBN 2-266-12641-5

La mer te fait rêver
Embarque à bord de l'*Odyssée*
avec Arthur et Morgane.
Et toi aussi deviens l'ami de

Dylan le dauphin

Je dédie ce livre à tous les enfants,
petits et grands, qui aiment les dauphins,
ces messagers des mers...
Ils ont le don de faire rêver, de charmer.
J'espère qu'ils seront toujours là pour nous,
dans les océans du monde entier !

1

Quand « jumeaux » rime avec « nouveaux »

— Alors, les enfants ! C'est le grand jour, demain ! Vous allez enfin faire la connaissance de vos futurs petits camarades...

Arthur et Morgane, assis côte à côte, jettent un regard noir à leur grand-père. Sous sa casquette, Yannick, capitaine du navire de recherche l'*Odyssée*, éclate de rire.

— Tu as dit trois mots de trop, papy ! Le « enfin » et les « petits camarades » ! On ne va plus à la maternelle, tu sais... lui répond Arthur, furieux.

— Je sais, je sais, mon gars ! Quel mauvais

caractère ! Ta sœur n'a pas pris la mouche, elle !

Morgane envoie à Yannick un sourire crispé. Elle a lavé et natté ses longs cheveux d'un blond très clair. Elle déclare d'un air angélique :

— En tout cas, demain j'aurai une chevelure de fée, ondulée et brillante ! N'est-ce pas, maman ?

— Oui, je note que tu as fait des efforts pour être présentable ! Arthur devrait t'imiter... marmonne Océane, occupée à ranger la vaisselle.

— J'ai d'autres soucis que mon look, moi ! réplique Arthur. Dylan n'est pas venu nous voir depuis deux jours. Ce n'est pas normal ! Moi, ça m'inquiète.

« Dylan ». En entendant ce nom, Morgane relève la tête. Comme si elle n'y pensait pas, elle aussi, à « leur » dauphin ! Depuis le matin où il a escorté l'annexe[1] jusqu'au débarcadère, ce matin où leur mère les a emmenés à Rennes faire des courses,

1. Petit bateau servant à relier la côte à une embarcation de bonne taille mouillée en eau profonde.

Dylan ne s'est pas montré. Ils l'ont attendu, guetté, appelé, tout cela en vain.

— Allez vous coucher maintenant ! dit leur mère d'un ton affectueux. Un dauphin a la mer entière pour se promener, se nourrir... Il ne peut pas être là tout le temps. Demain matin, lever général à six heures. Pour cette fois, je vous conduis au collège en camionnette, ensuite vous prendrez le car de ramassage.

— Génial ! ronchonne Arthur en se levant.

Le frère et la sœur quittent la cuisine du bateau. Dans l'étroit couloir, ils se font un clin d'œil :

— Un dernier tour sur le pont ? murmure Morgane.

— Si tu veux ! Au cas où Dylan... chuchote Arthur.

— Évidemment !

Morgane se mord les lèvres. Inutile d'en dire plus, ils se sont très bien compris. Depuis leur arrivée en Bretagne, où ils viennent de passer les vacances de Pâques à bord de l'*Odyssée*, ils pensent sans arrêt à Dylan, ce grand dauphin qui est devenu leur ami...

Sur le pont, ils se glissent à pas de loup vers la proue du bateau. Ce soir, la mer est très calme. Un quartier de lune brille dans le ciel, jetant des milliers de reflets argentés sur l'eau frémissante. Morgane s'appuie au bastingage en scrutant les alentours.

— Ce serait tellement bien si Dylan apparaissait, là, tout de suite ! soupire-t-elle. Je croyais qu'il resterait près du bateau, mais non...

— Moi, s'il venait, ça me donnerait du courage, pour demain... J'ai horreur d'être un nouveau ! En septembre, ça changerait tout. Mais là, débarquer au dernier trimestre, c'est trop nul !

Morgane hausse les épaules :

— On verra bien ! Mardi soir, on sera de retour sur notre bateau ! Si Dylan n'est pas encore revenu, on lui enverra un message, en se concentrant vraiment, de toutes nos forces. Je suis sûre qu'il viendra... Il le faut !

— Oui, tu as raison ! Mardi soir, il viendra sûrement !

Océane a eu du mal à se garer près du collège, un établissement privé qui a très bonne réputation dans la région. Elle dévisage ses enfants dans le rétroviseur.

— Allez, ne faites pas cette tête ! Je ne vais pas vous accompagner dans la cour, quand même... J'ai déjà eu une longue conversation avec la directrice, elle est charmante !

— Ouais, peut-être ! marmonne Arthur. En tout cas, vu d'ici, le collège a vraiment l'air d'une prison !

Morgane pousse un gros soupir :

— À mardi soir, maman ! Et n'arrive pas en retard, surtout...

— Promis. Allez, du courage ! Je suis sûre que vous allez vous faire des amis très vite !

Les jumeaux entrent dans la cour. Comme les autres pensionnaires, ils ont un sac assez volumineux à la main, leur cartable sur le dos. Dans le brouhaha général, ils ont d'abord l'impression de passer inaperçus, mais peu à peu, ils attirent l'attention. Arthur a horreur d'être examiné des pieds à la tête. Il serre les dents, bien décidé à se montrer désagréable. Sa sœur envoie des petits sourires autour d'elle, sans regarder personne en particulier.

Une femme, vêtue d'un élégant tailleur noir, rehaussé d'un chemisier aussi blanc que ses cheveux tirés en chignon, s'avance vers eux. Elle ajuste ses lunettes à monture dorée en déclarant bien haut :

— Ah ! Voici nos nouveaux, et des jumeaux en plus ! Bonjour, les enfants, je me présente, Mme Jacquet. Je suis la directrice. Vous entrez en quatrième B, deux de vos camarades vont vous conduire à l'internat. Les cours commencent à neuf heures précises. Flora, accompagne... Morgane, je crois. Toi, Jean, je te confie son frère.

Arthur se raidit, vexé. Ça commence bien. On a oublié son prénom ! Jean Kermeur, un grand garçon aux cheveux roux, coupés ras, lui fait signe :

— Suis-moi !

En découvrant la chambre où s'alignent quatre lits, Arthur a envie de s'enfuir. Il n'a jamais dormi ailleurs que chez lui ou chez Louis, son seul et vrai copain. Jean lui montre son armoire en lançant :

— Tu as intérêt à ranger tes affaires, et à

faire ton lit le matin. Martin, le surveillant, est un peu maniaque ! Alors, il paraît que tu viens de Paris ?

— Oui ! répond sèchement Arthur.

Il n'a pas envie de parler. Jean insiste :

— J'y suis allé l'an dernier, à Paris, c'est super... mais je préfère habiter là, enfin chez moi... en Bretagne !

Arthur reste muet. Il balance son sac devant l'armoire métallique. Puis, sans un regard pour Jean, il sort de la chambre. Dans son dos, il entend un chuchotement :

— Frimeur, va !

Morgane, elle, a suivi Flora à travers la cour, en répondant gentiment à ses questions. Cette fille brune, aux joues rondes et aux allures sportives, lui plaît. Elles montent deux étages. Sur le palier, Flora, un peu essoufflée, s'écrie :

— Si tu savais comme je suis contente, Morgane ! Je suis la première à te parler ! En cours, tu pourrais t'asseoir à côté de moi, la place est vide !

— Je veux bien ! répond Morgane avec un petit sourire.

— C'est vrai ? Génial !

Flora ouvre la porte de la chambre. Les murs jaunes sont ornés de posters. Le soleil joue sur les couettes fleuries des lits superposés. Morgane s'attendait à un endroit beaucoup moins agréable.

— Tu es pensionnaire aussi, Flora ? demande-t-elle en posant son sac.

— Oui, mais je rentre chez moi le mardi soir, parce que le mercredi, je dois garder mon petit frère. J'habite un village pas très loin... au bord de la mer.

Morgane sourit à Flora. Elle n'a pas vraiment envie de trouver une nouvelle amie, car personne ne remplacera Claire, partie pour la Guadeloupe. Mais Flora a quelque chose au fond des yeux qui ressemble à de la détresse.

— Moi aussi, je rentre le mardi soir. Je préfère... lui confie-t-elle.

Une sonnerie stridente retentit dans tout le bâtiment. Flora lui tend la main :

— Viens vite, c'est l'heure du premier cours. Avec Mme Le Bihan, la prof de français, je l'adore...

À la récréation de 10 heures 30, Morgane et Arthur se tiennent à l'écart des autres élèves, dans un angle du préau. Ils ont besoin d'échanger leurs impressions. Une de leurs manies de jumeaux.

— Sinistre, la chambre ! marmonne Arthur. On est quatre...

— Nous aussi, mais ça va ! Je dors sur le lit du haut, près de la fenêtre !

— Bien sûr, tu as toujours de la chance, toi ! Au fait, c'est pas très sympa de t'être installée à l'autre bout de la classe. On avait dit qu'ici, comme on ne connaissait personne, on resterait ensemble.

Morgane hausse les épaules. De la maternelle à la sixième, ils se sont assis l'un à côté de l'autre. Ils avaient les mêmes copains. C'étaient toujours les jumeaux par-ci, les jumeaux par-là. Alors, en cinquième, ils se sont séparés de quatre tables. Ils ont eu chacun leur ami. Claire. Louis.

— Je n'ai pas osé dire non à Flora, elle est gentille, cette fille...

Sur ces mots, Morgane se tourne vers le tilleul, au centre de la cour. Il y a deux minutes, Flora se tenait appuyée au tronc de l'arbre, toute seule. Elle n'a pas bougé. Mais en voyant Morgane la regarder, elle se décide et se précipite dans sa direction. Arthur lui décoche un coup d'œil glacial auquel Flora répond par un timide « Salut ».

Devant la mine renfrognée de son frère, Morgane pouffe de rire :

— Flora, je te présente un « nouveau ». Je crois qu'il s'appelle Arthur. Allez, viens, on le dérange.

Les deux filles s'éloignent en se tenant bras dessus, dessous. Arthur reste en plan.

« Tu me le paieras, Morgane, ça, tu vas le payer très cher ! » se dit-il.

Le soir, dans son lit, Morgane a des remords. Toute la journée, Arthur l'a évitée. Avant et après la cantine, pendant les heures d'études. Elle mordille son drap. Dehors le vent s'est levé et souffle en rafales.

« La mer monte ! » pense Morgane, qui a soudain envie de pleurer. Si elle pouvait, comme sur l'*Odyssée*, taper trois coups contre la cloison pour guetter la réponse de son frère ! Puis elle pense au dauphin. Il les appelle peut-être, en nageant autour du bateau.

Les deux autres filles qui partagent la chambre avec Flora et elle dorment déjà. Maud est en troisième, Annaëlle en quatrième également. Elles ont interrogé Morgane sur Paris, sur Arthur, mais elle a juste lancé des « Oui » et des « Non » évasifs. Avec Flora, ce n'est pas pareil.

— Flora, tu dors ? chuchote-t-elle en se penchant.

— Non, pas encore.

— Heureusement que tu es là. Tu sais, mon frère, il me manque... Et puis j'ai été nulle, ce matin, avec lui !

— T'inquiète pas. Demain, vous ferez la paix !

— Peut-être. J'aimerais bien, sinon...

Morgane se tait. Elle revoit la silhouette solitaire d'Arthur, dans la cour, après le dîner. Il semblait chercher l'air du large, les yeux fermés.

« Je suis sûre qu'il envoyait un message à Dylan. Un S.O.S. ! » songe-t-elle en cachant son visage au creux de l'oreiller.

Arthur ne dort pas non plus. Il fixe le plafond de la chambre plongée dans la pénombre. Il s'est inventé un rôle, celui d'un prisonnier entouré d'ennemis. Demain soir, il s'échappera, il prendra la mer.

« Et Dylan viendra avec moi. Il ne me quittera plus. Ce n'est pas un dauphin ordinaire, c'est mon ami. »

Puis il revoit sa sœur en train de parler à l'oreille de Flora, à la cantine. Morgane l'abandonnant le matin de la rentrée... Insupportable. Il sourit brusquement.

« Je vais supplier maman de m'inscrire à des cours par correspondance. Voilà ! Morgane restera ici. Avec sa Flora pot de colle ! Moi, je verrai Dylan tous les jours... Génial. »

Rassuré, Arthur se couche à plat ventre, la tête pleine d'idées de vengeance.

2

« Guerre et paix »

Morgane, toute vêtue de noir, marche droit sur Arthur. Elle lui tapote le bras en jetant une feuille pliée en quatre devant son bol.

— Un message pour toi, tu as intérêt à le lire.

Elle repart, la gorge nouée. Jamais elle n'a eu autant envie de s'asseoir près de son jumeau, de lui parler tout bas. Leur complicité lui manque.

Arthur empoche prestement le bout de papier. Dans le réfectoire flotte une bonne odeur composée de plusieurs parfums, pain et café chauds, chocolat et lait. Jean Kermeur s'installe juste en face de lui, entouré de ses deux copains :

— Salut, le Parisien ! Dis donc, tu ronfles la nuit... Et puis tes baskets, faudra les mettre sur la fenêtre !

Morgane a tout entendu. Le fou rire qui suit la fait bouillir de rage. Mais elle continue à tourner sa cuillère dans sa tasse de lait. Flora chuchote :

— Jean, il ne va pas le lâcher, ton frère. Quand il n'aime pas quelqu'un, bonjour les dégâts !

— S'il le touche, il aura affaire à moi ! marmonne Morgane. Regarde Arthur, il n'a pas bronché. C'est sa technique, l'indifférence.

Dix minutes plus tard, sous le tilleul de la cour, Arthur déplie le message de sa sœur. Les sales blagues de Jean Kermeur ne l'ont pas atteint. Le souvenir d'un grand dauphin le protège.

Roi Arthur, j'implore ton pardon. Hier, tout le monde parlait des nouveaux ou des jumeaux. C'était pénible. Alors j'ai essayé de jouer la sœur *qui n'a pas de frère. J'ai été vraiment nulle. Ce soir, rendez-vous sur le pont de l'*Odyssée, *pour attendre Dylan.*

La fée Morgane

Arthur retient un sourire. Comme il la voit à quelques pas, l'air inquiet, il déchire la feuille avec soin et éparpille les morceaux par terre. Jean Kermeur déboule, le bouscule du coude :

— Oh, le Parisien, on a cours d'histoire en salle 11. Avec M. Rocher.

Morgane suit le mouvement. Flora ne la quitte pas un instant, passionnée par la suite des événements. Depuis l'arrivée des jumeaux, elle se sent moins triste.

— Alors, matelots ? Comment se sont passés ces deux jours ?

— Papy, qu'est-ce que tu fais là ? s'écrie Arthur. Où est maman ?

Les jumeaux, qui se sont précipités vers la camionnette de leur mère, sont un peu surpris d'y trouver leur grand-père. Morgane, franchement inquiète, demande :

— Il n'y a rien de grave sur le bateau, au moins ?

Yannick redémarre aussitôt le moteur en expliquant :

— Mais non, pas de panique. Océane est partie à Rennes ce matin. Je la récupère ce soir à vingt-deux heures. Vous, j'ai mission de vous ramener illico presto à bord de l'*Odyssée*.

Arthur n'a toujours pas dit un seul mot à sa sœur. Mais là, impossible de rester en froid. Il murmure, les yeux brillants :

— Trop cool ! Tous les deux sur le bateau, sans surveillance !

— Pas mal ! marmonne Morgane, encore méfiante. Dis, on fait la paix pour de bon... Je t'ai vu, tu as lu mon message... tu me pardonnes ?

— Peut-être ! Si Dylan revient, oui. Sinon, je t'ignore jusqu'à la fin des temps.

Morgane, furieuse, donne un coup de poing à son frère. Il tire sur sa natte. La dispute menace d'éclater mais Yannick hurle :

— C'est fini, oui ? Vous avez quel âge, espèces d'idiots ? Vous n'allez peut-être plus à la maternelle, mais c'est tout comme...

Le calme revient. Leur grand-père ronchonne :

— À votre âge, je travaillais déjà dur, le soir, après la classe. J'aidais mes parents. Votre mère vous a pourri le caractère, voilà. Si j'étais à sa place, je vous ferais laver le pont à coups de pied où je pense, et ça tous les matins !

Morgane chantonne :

— Moi, je veux bien, papy ! Arthur aussi...

Arthur claironne :

— On peut même rentrer tout seuls avec l'annexe, et toi tu iras te balader en ville... Pas de problème !

Yannick pouffe d'un rire moqueur :

— Et je vous retrouverai en perdition je ne sais où ! Laver le pont, d'accord, pour le reste, je vous ai à l'œil !

Arthur et Morgane retrouvent l'*Odyssée* avec joie. Après ces deux jours au collège, le bateau leur semble le lieu le plus merveilleux du monde. Morgane, appuyée au bastingage, respire avec délices le vent marin :

— Arthur ! Je suis tellement heureuse

d'être là ! J'adore vivre au grand air... Loin des villes !

Son frère hoche la tête, sans dire un mot, mais il ne peut pas s'empêcher de sourire.

— Bon, on doit laver le pont ! déclare-t-il enfin.

Les jumeaux travaillent de bon cœur, en guettant sans cesse la surface de la mer. À part les mouettes, les goélands, personne à l'horizon. Rien à signaler. Puis ils préparent le dîner sans échanger un mot. À vingt heures, très élégant, Yannick monte à bord du *Cabotin*, nom donné par la famille à l'annexe.

Le frère et la sœur regardent le petit bateau s'éloigner.

— Arthur ? murmure Morgane.

Mais il fixe un point invisible vers la côte. Les lèvres serrées.

— Arthur ! Arrête, maintenant ! Tu ne vas pas gâcher une soirée pareille. Maman et papy ne reviendront pas avant onze heures... On est libres comme l'air !

— Tu promets de te débarrasser de ton pot de colle, jeudi, au collège ? De manger à la cantine avec moi ? demande alors

Arthur, sûr de provoquer la colère de sa sœur.

Il est stupéfait de l'entendre gémir :

— Tout ce que tu veux, mais tu me parles... et on envoie un message hyperpuissant à Dylan !

Arthur tape dans la main tendue de Morgane. Elle lui saute au cou :

— Maintenant on va s'asseoir à la proue ! On pense à Dylan le plus fort possible. J'ai une idée. On devrait lui envoyer notre image, oui, nous deux à l'avant du bateau.

— Pas bête... On va l'appeler en vrai, aussi. Ce sera plus sûr. Les voix portent loin sur la mer.

Ils n'ont pas bougé depuis un quart d'heure. Les paupières mi-closes, car aucun ne veut renoncer à scruter la mer, les bras croisés sur la poitrine. Le soleil se couche, cerné d'une lourde masse de nuages sombres. La houle demeure faible, mais l'*Odyssée* se balance un peu, au rythme des vagues le heurtant régulièrement.

Morgane se concentre sur une phrase : « Viens, Dylan, viens vite ! » Arthur, plein d'espoir, répète un seul mot en silence : « Dylan ! »

Ensuite ils crient tous les deux, sur différents tons, le nom de leur dauphin. La nuit tombe rapidement. Un « flop » retentissant les fait bondir sur leurs pieds. Morgane se penche pour mieux observer la surface de l'eau :

— Oh non, ce n'est pas lui ! Sûrement un gros poisson qui a sauté ! Arthur, il ne viendra pas. Et papy nous a demandé d'allumer les feux de position avant la nuit.

— On y va ! Dommage, j'aurais tant voulu revoir Dylan... dit doucement Arthur, très déçu.

Ils se sentent tristes et inquiets, pourtant cela les console un peu de se promener sans surveillance d'un bout à l'autre du bateau. Pour une fois, Arthur prend le temps d'examiner attentivement le matériel. Morgane s'installe devant l'ordinateur équipé d'un système radar.

— Maman est rudement calée de s'en sortir, avec tous ces trucs ! commente Arthur.

— Oui, on a de la chance. C'est super, le

métier qu'elle fait. Flora, elle, ne m'a rien raconté sur ses parents. Juste qu'elle gardait son petit frère le mercredi.

Arthur secoue sa sœur par les épaules :

— Et toi, je parie que tu lui as tout révélé sur nous ! J'espère que tu n'as rien dit, pour Dylan ?

— Mais non, je ne suis pas idiote ! J'ai promis à maman.

Morgane attend la réaction de son frère. Il a filé dans la cuisine. Elle se précipite à sa poursuite. Arthur a ouvert un paquet de cookies. Il en tend trois à sa sœur :

— Tu en veux ?

— Bien sûr ! Avec du jus de pomme ?

— Génial ! crie Arthur. Dis, tu nous vois tous les deux sur le bateau, partant à l'aventure ? Dylan nous suivrait, on nagerait avec lui, près d'une petite île...

— Ce serait le paradis !

Les jumeaux échangent un clin d'œil, puis un grand sourire. Cette fois, ils sont vraiment réconciliés.

Le lendemain matin, l'équipage est au complet pour le petit déjeuner. Océane a rapporté une énorme brioche et disposé autour des petits pots de confiture. Morgane et Arthur mangent de bon appétit, mais quelque chose les intrigue. Leur mère, souvent contente de discuter avec eux à ce moment de la journée, s'est montrée très silencieuse. Yannick lui-même a bu son café au lait sans faire une seule plaisanterie.

Morgane espérait des compliments sur leur grande sagesse de la veille. Ils étaient couchés quand ils ont entendu le moteur de l'annexe, et l'*Odyssée*, feux de position allumés, était impeccablement rangé, pont, cabines, cuisine et cambuse[1]. Elle lance, l'air de rien :

— Alors, maman, c'était bien à Rennes ? Et hier soir, en rentrant ?

— C'était formidable ! réplique en souriant Océane. Je voulais vous féliciter. J'ai été touchée de voir le soin que vous prenez du bateau. Et votre sérieux... D'ailleurs, vous serez récompensés. Nous allons lever l'ancre pour naviguer au large. Je dois vérifier quelque chose...

1. Réserve où sont rangées les provisions.

Arthur s'empresse de dire :

— Super ! On verra peut-être Dylan ! Sans rire, maman, l'*Odyssée*, c'est notre maison, maintenant ! L'endroit le plus chouette du monde. Si je pouvais, je passerais ma vie à bord...

Océane et Yannick se regardent avec une drôle d'expression. Hésitation, gêne. Morgane sent qu'il y a un mystère.

— Maman, qu'est-ce que tu allais faire à Rennes ?

— Des démarches administratives, ma puce !

Océane n'appelle plus sa fille « ma puce » depuis deux ans. Morgane soupire, étonnée. Yannick tapote la table du bout des doigts en déclarant :

— Dis-leur tout de suite, Océane ! Ils sont assez grands pour comprendre. C'est la vie !

Arthur se sent glacé. Morgane jette un œil affolé à son frère. En chœur, les jumeaux s'écrient :

— C'est papa ? Qu'est-ce qu'il a ?

Morgane bredouille, prête à pleurer :

— Vous divorcez, c'est ça ? Tu n'oses pas nous le dire ?

Océane secoue la tête, ahurie :

— Mais non ! Où allez-vous chercher des idées pareilles ? Non, il s'agit d'un dauphin...

Silence... Respirations oppressées... La voix soudain tremblante d'Arthur qui demande :

— Quel dauphin ?

— Je ne suis sûre de rien... Hier, j'ai quitté Rennes vers midi, pour aller dans la baie du Mont-Saint-Michel. On m'avait fait part d'un accident... Un grand dauphin tué par une hélice de cargo. Son corps s'était échoué sur une plage. Dans l'état où il était, je n'ai pas pu l'identifier.

Morgane hurle presque :

— Maman ! Ce n'était pas Dylan ! C'est trop loin...

Arthur approuve d'un signe les paroles de sa sœur, car il est incapable de parler. Leur mère respire profondément avant d'ajouter :

— Je n'ai aucune preuve que ce soit Dylan, mais c'est peut-être lui. Écoutez, hier matin, j'ai reçu un appel radio. On m'a signalé un grand dauphin, très clair, qui avait suivi plusieurs bateaux en se montrant amical et joueur. Le secteur correspond. J'ai fait le rapprochement, à cause de l'attitude si familière de Dylan. Et comme vous le savez, il n'est pas revenu nous voir...

De nouveau un long silence. Morgane et Arthur fixent leur mère avec désespoir. Si elle leur a raconté cette horrible histoire, c'est sans doute pour les préparer au pire. Et le pire, ils croient le lire sur son visage marqué par le chagrin.

3

Un drôle de mercredi

Yannick toussote, ses yeux bleus voilés par la tristesse :

— Allons, moussaillons, pas de panique ! Nous ne sommes sûrs de rien, pas vrai ? Votre mère a parlé d'une balade au large. Je vais lever l'ancre.

Les jumeaux ne répondent pas à leur grand-père qui sort de la cuisine en haussant les épaules. Arthur marmonne, écœuré :

— Bien sûr, papy, il prend ça à la légère. Un ancien pêcheur... La vie, la mort, et patati...

— Tais-toi, Arthur ! crie Océane. Je ne veux pas entendre un seul mot contre ton grand-père. Hier soir, quand je lui ai annoncé la mauvaise nouvelle, il était très malheureux, en pensant à vous. Et moi aussi...

Morgane retient ses larmes en balbutiant :

— Maman, je t'en prie, dis-nous la vérité ! Toi, tu penses que c'est Dylan, c'est ça ? En vrai, tu l'as reconnu !

Océane tend les bras. Ses enfants s'y réfugient. Elle explique tout bas :

— J'ai une raison de partir au large, vers le nord-ouest. Ce matin, très tôt, j'ai contacté quelques bateaux de plaisance et de pêche, par radio. Un homme m'a signalé une bande de grands dauphins. Alors, autant aller voir de plus près. J'aimerais tellement retrouver Dylan parmi eux !

Arthur serre sa mère à l'étouffer. Il déclare, haletant :

— Maman, je te le promets, si Dylan est vivant, je ne me plaindrai plus de rien, jamais. Je serai heureux pour toujours !

Morgane hoche la tête en se mordant les lèvres encore plus fort que d'habitude. Dylan tué par l'hélice d'un cargo... L'image lui fait horreur. Elle a beau la repousser, cela l'obsède. Elle ferme les yeux, pour capturer, parmi ses souvenirs, la silhouette du grand dauphin, lorsqu'il jaillissait de la mer avant de replonger en pirouette.

La voix d'Arthur lui parvient, rassurante :

— Pleure pas, fée Morgane ! On va s'habiller et monter sur le pont ! Je suis là, moi. Et je suis sûr que Dylan n'a pas pu mourir...

La main de son frère prend la sienne. La peur s'envole...

L'*Odyssée* avance régulièrement. Yannick dépasse un peu la fameuse vitesse de croisière, mais la mer, bien qu'agitée, offre de bonnes conditions de navigation.

Morgane et Arthur, qui portent tous les deux un pull marin, blanc rayé de bleu, se sont assis à leur place favorite, juste à l'avant du bateau. De là, ils peuvent surveiller la surface de l'eau de chaque côté de la proue. Au loin, des voiliers filent, minuscules taches de couleurs. Sur la ligne d'horizon se dessine la forme allongée d'un gigantesque navire.

— Ce doit être un pétrolier ! déclare Morgane, d'un ton froid.

— Il y a un monde fou sur la mer ! ajoute Arthur. Regarde, à droite, c'est quoi, ce truc noir ?

Morgane prend les jumelles.

— Un bout de bois, je crois ! Tu ne trouves pas ça étrange, Arthur... Nous sommes au-dessus d'une quantité d'eau incalculable, où vivent des milliers de poissons, des dauphins, des marsouins, mais en fait, la surface, elle, ressemble à un désert. C'est pour ça que j'aime tant plonger ! Plus tard, j'en ferai mon métier...

Arthur murmure :

— Pourquoi pas ? Tu nages bien. Au fait, maman devait apporter le déjeuner sur le pont... je me demande ce qu'elle fabrique ! On va l'aider ?

— Vas-y, toi ! Je ne bouge pas d'ici ! Papy pense que nous arriverons dans la zone indiquée vers treize heures. Il est midi et demi. Alors je surveille.

— Moi aussi, finalement, de toute façon, je n'ai pas faim....

Dix minutes plus tard, leur mère vient s'installer près d'eux, ainsi que Yannick. Elle leur distribue des sandwichs au jambon :

— On approche... Mais je ne capte aucun signal sur l'écran-radar ! Vu la vitesse à laquelle se déplacent les dauphins, on a peu de chances de les croiser. Arthur, ne fais pas cette tête ! Je suis désolée.

Brusquement Morgane bondit sur ses pieds en criant :

— Vous avez entendu ?

Arthur se lève aussi. Lui et sa sœur se tiennent à pleines mains au bastingage, leur visage tendu vers le grand large. Océane demande :

— Alors ? Morgane, qu'as-tu entendu ? Des dauphins ?

— Juste un bruit, maman ! Mais on aurait dit Dylan...

Arthur tend le bras vers la gauche du bateau en hurlant :

— Regardez ! Là-bas, des orques !

Yannick empoigne la paire de jumelles que Morgane allait utiliser :

— Passe-les-moi ! Je n'ai jamais vu d'orques par ici. Arthur a la berlue.

Pourtant... nom d'un chien, on dirait bien des orques.

— Papa, laisse-moi regarder ! demande calmement Océane.

Quelques instants plus tard, elle déclare avec enthousiasme :

— Ce sont des globicéphales[1] ! Une espèce grégaire[2]. Leur taille est impressionnante, comme ils sont noir et blanc, on peut les confondre avec des orques, mais ils ont un comportement très paisible. Ils ont l'air nombreux...

— Génial ! murmure Morgane, un peu déçue cependant.

Elle a tellement cru que Dylan allait apparaître ! Arthur lui donne un petit coup de coude, en indiquant, d'un signe de tête, la direction opposée. À bonne distance du bateau, un grand dauphin blanc jaillit de l'eau, tourne sur lui-même avant de replonger.

— Dylan ! Dylan ! hurle Morgane. Oh ! Arthur, c'est trop beau... C'est lui, ça ne peut être que lui !

1. Gros cétacés noirs.
2. Espèce vivant en groupe.

— Bien sûr que c'est lui ! Regarde-le, il arrive à toute allure !

Océane se tait, les mains jointes à hauteur de la bouche. Yannick murmure :

— Pourvu que ce soit bien lui ! J'en connais deux qui seraient très tristes, dans le cas contraire...

Une suite de cris grinçants s'élève, sur un ton répétitif. Arthur se précipite vers l'échelle de coupée, si vite qu'Océane n'a pas le temps de l'arrêter.

Le dauphin est au rendez-vous. Il se maintient à une certaine distance de la coque du bateau, mais assez près pour accueillir d'un bond joyeux l'apparition d'Arthur, cramponné aux derniers barreaux. Morgane a suivi son frère, au risque d'être jetée à la mer par le tangage. Elle crie :

— C'est Dylan ! Je vois sa cicatrice... et puis il nous salue à sa façon !

Il les a retrouvés. Il a besoin d'eux. Leur faire comprendre très vite ce qui le tourmente. L'inquiète aussi. Cette grande chose blanche peut le suivre très loin, il le sent. Les deux créa-

tures amicales lui envoient des messages fraternels. Ils vont l'aider. Il doit les emmener...

Océane, malgré sa joie de savoir Dylan vivant, appelle ses enfants :

— Remontez immédiatement, tous les deux ! Vous êtes fous, une vague plus forte et c'est le plongeon !

— Mais, maman ! hurle Arthur. Laisse-moi le caresser, au moins !

— Non ! Pas question ! Vas-tu obéir ! tempête Yannick.

Morgane remonte sur le pont, boudeuse. En tapant du pied, elle annonce avec autorité :

— Moi, je mets ma combinaison de plongée et je rejoins Dylan !

Océane vient de récupérer Arthur. Il se dégage en protestant :

— Je ne risque pas grand-chose. Dylan est là ! Il m'a déjà sauvé une fois.

— Écoutez, tous les deux ! Vous devriez être heureux de revoir Dylan. Il vous salue gentiment, il nous fait une visite de politesse, mais pas question de vous laisser nager ici. Nous sommes en plein large.

— Je vais couper le moteur ! ajoute Yannick. Puisque monsieur le grand dauphin est dans les parages, on peut rester ici une heure... Le temps de descendre boire un bon café !

Morgane et Arthur ont suivi leur mère jusqu'à la cuisine. Il y a toujours une part du rangement qui leur revient. Mais ils n'ont qu'une envie, remonter sur le pont. Ils guettent, impatients, les appels répétés du dauphin. Océane pousse un soupir agacé :

— Quel concert ! On croirait que Dylan nous réclame à manger ! Je me demande bien ce que signifie son attitude... Si seulement je pouvais traduire ces sons. Je suis peut-être une incorrigible rêveuse, mais je pense qu'un jour, quelqu'un réussira à les déchiffrer.

— Et ce sera merveilleux ! s'écrie Arthur. Les dauphins nous diront tous leurs secrets ! On saura ce qu'ils pensent !

— Et ils nous demanderont de faire attention ! ajoute Morgane. Par exemple, de ne pas utiliser des bateaux à hélice...

Yannick a un petit rire :

— Tu es bien jeune, Morgane, pour vouloir refaire le monde. Tu ne peux pas empêcher les hommes de travailler, d'exploiter la mer, la terre. Allez, trêve de bavardage, montez vite calmer cet énergumène, il commence à me casser les oreilles.

Dylan, en voyant réapparaître les deux enfants, se lance dans une autre série de cris aigus, accompagnée de bonds fantastiques. Au début, Morgane et Arthur applaudissent en riant, éblouis. Pourtant, quelque chose les intrigue.

— Tu as remarqué, Morgane, après chaque saut, Dylan file vers l'ouest, et revient près de la coque. Et là, il crie.

— Tu veux dire qu'il nous parle...

— Oui, je crois bien ! Tiens, regarde, il saute, puis il s'éloigne toujours dans la même direction, en reculant parfois. Comme si...

Morgane, fascinée, a les mains jointes sur la poitrine :

— Tu as raison, il nous fait signe ! murmure-t-elle. Il veut sûrement nous conduire quelque part. Tant pis si maman n'est pas d'accord, j'enfile ma combinaison et j'y vais.

Arthur met une main au-dessus de ses yeux pour mieux observer la mer. Des nuages blancs cachent le soleil mais la lumière est crue, un peu aveuglante. Il dit enfin à sa sœur :

— Attends, Morgane ! On ne voit rien du tout. Rien ! Tu ne pourras jamais nager derrière Dylan... Viens, il faut demander à papy et à maman de le suivre. En bateau, ce sera facile...

On a souvent répété aux jumeaux que « l'union fait la force ». Ils ont compris la méthode depuis longtemps. À eux deux, ils réussissent à convaincre Yannick et Océane.

— Bon, d'accord ! On lève l'ancre ! Mais à 16 heures précises, demi-tour ! ronchonne leur grand-père.

— Génial ! s'écrie Morgane en sautant au cou d'Arthur. On va t'aider, papy, tu as deux matelots à tes ordres !

L'*Odyssée* file vers le large. Debout à la proue, Morgane et Arthur, les cheveux mouillés par les embruns et fouettés par le vent, suivent des yeux la silhouette de Dylan.

— Tu as vu ça, Morgane ? Dès que le bateau a démarré, Dylan est parti et il a arrêté de sauter ou de nous appeler.

— Oui, à mon avis, il sait où il va !

Leur grand-père les rejoint :

— J'ai mis le pilotage automatique ! Selon moi, cette bourrique de dauphin nous emmène où il veut !

Yannick se gratte la barbe. Océane, debout près de lui, plaisante :

— Je ne ferai surtout pas de rapport sur cette journée ! Quatre idiots qui se croient dans un film, à suivre un dauphin au bout du monde !

Morgane jette à sa mère un regard plein de reproches :

— Maman ! Tu as dit oui, alors ne regrette pas ! C'est super, non ? Dylan est vivant, on l'a retrouvé...

Arthur sourit. Il se souvient. Cet immense bonheur dans son cœur, quand il a revu Dylan. La boule au creux du ventre qui disparaît, l'envie de chanter n'importe quoi, de danser comme un fou. Et maintenant, la course sur la mer, les vagues qui se brisent sur la coque, l'horizon infini. Et Dylan nageant droit devant lui. Vif, tellement rapide, agile et gracieux. Avec, sous son gros crâne rond, un secret qu'il veut leur faire partager...

Ils le suivent... ils ont compris. Alors il continue à avancer, impatient et rassuré.

Ils avancent encore pendant une heure. Soudain Arthur, qui était avec son grand-père dans la cabine de pilotage, se met à crier :

— Papy ! L'*Odyssée* ralentit... Écoute, j'entends des drôles de bruits...

Océane et Morgane, qui étaient assises à l'avant du bateau, se sont levées, inquiètes. Yannick court vers elles, l'air soucieux :

— Il y a un problème... Le moteur ou je ne sais quoi ! Je vais voir. Mais il faut stopper le bateau.

Dylan s'éloigne. Arthur se précipite à la proue en hurlant de toutes ses forces :

— Dylan ! Reviens !

Morgane le bouscule en s'accrochant des deux mains au bastingage :

— On va le perdre de vue ! C'est trop nul !

L'*Odyssée* s'immobilise. Yannick appelle :

— Océane, les enfants, venez me donner un coup de main... J'ai trouvé la panne, mais j'en ai pour une heure au moins !

Les jumeaux se regardent. Le mot « catastrophe » tourne dans leur tête. Dylan, au loin, les appelle. Il saute, recule en se dressant à demi hors de l'eau. Morgane est certaine qu'il crie :

« *Mais qu'est-ce que vous faites ? Venez !* »

— Vraiment, on n'a pas de chance ! se désole Morgane. Quand papy aura réparé, ce sera l'heure de rentrer !

— Ouais ! grogne son frère, aussi déçu. Et Dylan ? Il faut qu'il revienne !

Mais le grand dauphin, après un dernier saut, plonge et ne réapparaît plus.

Il ne peut pas les attendre plus longtemps. Il doit repartir... Ces créatures de la terre ne ressentent pas les choses comme lui. Il aimerait communiquer avec elles, mais c'est difficile. Alors il s'en va, vers un lieu connu de lui seul.

4

Confidences

Le jeudi matin, Morgane et Arthur retrouvent la classe de quatrième B, en regrettant bien, tous les deux, qu'il y ait eu cette panne de moteur. Mais ils savent que Dylan est vivant.

— C'est déjà merveilleux ! a déclaré Arthur.

À la récréation, malgré la promesse faite à son frère, Morgane reste avec Flora. Elle n'a pas pu s'empêcher de lui parler de l'*Odyssée*...

— Alors tu vis sur un bateau ? Tu en as de la chance ! Moi, j'habite près d'une plage, mais je ne suis jamais allée sur la mer...

— J'adore l'*Odyssée*, maintenant ! chuchote Morgane. Au début, Paris me manquait, Claire aussi, tu sais, ma meilleure amie, celle qui est partie à la Guadeloupe, mais je suis heureuse ici.

— Et ton frère ?

— Oh, lui ! Il s'est habitué. Les premiers jours, il a fait une bêtise énorme... Il a voulu fuguer...

Morgane se tait. Elle jette un œil du côté de Maud et d'Annaëlle qui se tiennent adossées au mur tout proche, en compagnie d'un garçon de troisième. Ces trois-là ne font pas un bruit, ils doivent les écouter. Elle se lève, les mains dans les poches :

— Tu viens, Flora ?

Une fois loin du groupe, Morgane s'explique.

— Maud veut absolument me parler, devenir mon amie. Moi, je n'ai pas envie. J'ai l'impression d'être une bête curieuse, quand elle me regarde...

— Tu penses la même chose de moi, Morgane ? demande Flora.

— Non, justement. C'est pour ça que je

préfère rester avec toi, rien que nous deux. Je t'aime bien.

Flora serre le bras de Morgane :

— Tu peux me faire confiance. Alors, ton frère ? Il a vraiment fugué ?

— Oui et non. Il a voulu rejoindre la côte avec un canot. Il a failli se noyer... Il est un peu bizarre, Arthur, mais je l'adore !

Morgane se tait. Là-bas, à l'autre bout de la cour, elle vient de repérer son frère assis sur une marche, le nez plongé dans un livre. Elle fait vite demi-tour. Son amie la suit aussitôt, en silence.

Depuis l'arrivée de Morgane, Flora est entrée dans un autre monde. Morgane rit pour un rien, elle parle de Paris, du Jardin des plantes, des musées, des cinémas. Avec ses longs cheveux couleur de lune, son regard bleu foncé et ses grands sourires, elle a tout de suite trouvé une place dans le cœur de Flora.

— Dis, Morgane, tu crois qu'un jour, tu pourrais m'inviter sur ton bateau... ?

Morgane ne réfléchit pas. Flora, sans qu'elle sache pourquoi, lui fait un peu de peine.

— Bien sûr, je t'invite quand tu veux ! s'écrie-t-elle. Pourquoi pas ce week-end, ce serait génial ! Tu dormirais dans ma cabine. Après tout, maman a dit oui pour Louis, le grand copain d'Arthur, elle sera sûrement d'accord !

Flora s'illumine. Accrochée au bras de Morgane, elle a du mal à ne pas danser de joie :

— J'espère que ma mère voudra bien !

Arthur referme son livre. Il n'a lu que deux pages, car il était trop occupé à épier sa sœur et Flora.

« Morgane n'a pas tenu sa promesse ! se dit-il, déçu et très en colère. Elle devait rester avec moi, abandonner mademoiselle “Pot de colle”. »

La sonnerie retentit. Arthur se relève et regagne le hall d'un pas nonchalant. Jean Kermeur, escorté de ses trois fidèles copains, le bouscule :

— Oh ! Le Parisien, accélère ! Tu gênes...

Arthur sent quelque chose craquer au fond de lui. Il en a assez d'éviter les ennuis, de se taire quand on le provoque. Jean le dépasse presque d'une tête, pourtant il se jette sur lui :

— Toi, le Breton, arrête de m'appeler le Parisien ! Fiche-moi la paix à la fin, tu comprends ? Sinon...

Un petit attroupement s'est formé. Un drôle de garçon, blanc et maigre, des lunettes rondes sur le nez, s'écrie :

— Il a raison, le nouveau, laisse-le tranquille, Kermeur ! C'est pas toi qui fais la loi, ici !

Jean Kermeur hésite. Puis, avec un haussement d'épaules, il s'éloigne. Arthur en tremble encore, mais il ne peut pas s'empêcher de sourire à celui qui l'a défendu. Près du distributeur de boissons, Morgane se mord les lèvres. Elle a tout vu. Son frère la surprendra toujours... Flora lui souffle à l'oreille :

— Le garçon aux lunettes de savant, c'est mon cousin, Henri...

— Ah bon ! chuchote Morgane, surprise. Ton cousin ! Il faut que je le dise à Arthur. Ce soir, au réfectoire...

Assis à l'écart des autres, les jumeaux s'observent, en mangeant chacun une crème caramel. Morgane a essayé de parler à son frère, mais il l'évite. Dans cinq minutes, il va filer au fond de la cour ou au foyer, en la laissant en plan.

— Arthur, arrête de me faire la tête ! déclare-t-elle à voix basse. Demain, c'est vendredi, on rentre sur le bateau pour deux jours. J'ai invité Flora à venir. Si ses parents sont d'accord, et maman aussi, elle arrivera samedi, pour déjeuner...

— Quoi ? Tu es complètement folle ? marmonne Arthur.

— Je ne vois pas où est le problème ! Louis est venu pendant les vacances, j'ai le droit d'avoir une copine !

— Pauvre idiote ! Et Dylan ? Tu as pensé à Dylan ? Maman et papy nous ont promis de retourner en mer, pour le retrouver. À cause de la panne, mercredi, on n'a pas pu le suivre... Moi, je suis sûr qu'il avait un ennui, ou une chose à nous montrer ! Et toi, tu invites mademoiselle « Pot de colle ». Tu es trop nulle, Morgane ! Tu as intérêt à dire à Flora que c'est impossible. IMPOSSIBLE ! Voilà !

D'abord, Morgane reste muette. Elle n'avait pas pensé à ça. Dylan ! Si Flora passe le week-end avec eux, elle verra peut-être Dylan.

Arthur se lève brusquement et s'en va, en lui jetant un dernier regard furieux.

Les lumières sont éteintes. Flora attend, couchée sur le côté, pleine d'impatience. Maud et Annaëlle doivent être endormies. Morgane descend enfin de son lit. Le sommier métallique grince un peu.

Dans la pénombre, les cheveux de Morgane font une tache claire. Sa voix murmure :

— Flora, écoute... pour ce week-end, je crois que c'est impossible !

— Ton frère ne veut pas, c'est ça ? Il me déteste... chuchote-t-elle, au bord des larmes.

— Mais non ! proteste Morgane. Il est un peu jaloux, ce n'est pas grave...

— Alors c'est quoi ?

Morgane sent une immense déception dans la voix de Flora. Elle décide d'arranger les choses à sa façon. Tant pis pour la réaction d'Arthur.

— Écoute, Flora, tu saurais garder un secret ? Si tu viens, maman te demandera sûrement la même chose, alors !

— Je le jure, Morgane !

— Tu sais, quand mon frère a failli se noyer, en fuguant, c'est un dauphin qui l'a sauvé. Un grand dauphin presque tout blanc. Avec une cicatrice au-dessus de l'œil. Depuis, c'est notre ami. Il nous connaît. Et maman, elle est en Bretagne pour étudier le langage des dauphins. Elle nous a bien recommandé de ne pas parler de Dylan... Pour le protéger !

— Dylan, c'est le nom de votre dauphin ?

— Oui. Il est extraordinaire, Flora. J'ai nagé près de lui, c'était merveilleux.

Morgane se tait. Soulagée d'avoir avoué l'existence de Dylan à Flora, elle a la gorge nouée par l'émotion, en se souvenant des moments fabuleux passés avec le dauphin... Leur dauphin.

Flora répond, avec une drôle de voix :

— Tu sais, Morgane, les dauphins, il y en a beaucoup dans les eaux bretonnes. Mon père était pêcheur. Il en a vu très souvent. Il a même joué avec Jean-Louis...

— Qui c'est, Jean-Louis ? demande Morgane.

— Un dauphin. Il vivait seul. Il était souvent dans la baie des Trépassés. Tout le monde le connaissait, en Bretagne.

— Tu crois que ça pourrait être lui, Dylan ?

— Non. Depuis dix ans, il a disparu ! Et c'était une femelle !

— Une femelle, avec un nom pareil !

— Au début, les gens l'ont pris pour un mâle...

Morgane sourit dans le noir, rêveuse :

— Si ton père t'accompagne, il pourrait raconter son expérience à maman, cela l'intéresserait sûrement !

— C'est ma mère qui m'a raconté ça. Papa, il a disparu en mer. J'avais sept ans. Mon petit frère avait six mois... Tu sais, c'est un peu compliqué, à la maison. Ma grand-mère vit à côté de chez nous. C'est elle qui paie mes études. Elle est un peu sévère.

— Je suis désolée, Flora...

Morgane, à tâtons, cherche la main de Flora, la serre doucement en murmurant :

— J'ai confiance en toi. Ne t'inquiète pas, tu viendras, samedi.

— Merci, Morgane ! Moi, je te promets de ne rien dire à personne, pour Dylan. Et j'aimerais tant le voir...

De l'autre côté du bâtiment, Arthur ne dort pas. Entre Jean Kermeur et lui, couché deux lits plus loin, la guerre est déclarée. Cela a commencé par un tube de dentifrice vidé dans sa trousse de toilette, du pain dur émietté sur son drap de dessous. Et une menace, juste après le passage du surveillant : « Toi, le Parisien, méfie-toi, si je te croise en ville, je ne te raterai pas ! »

Arthur n'est pas tranquille. Il se tourne et se retourne. Puis un cri vient chanter au fond de son cœur, un peu grinçant. Unique. Ensuite c'est le bruit des vagues sur la coque de l'*Odyssée*. Et comme une image magnifique, inscrite à jamais en lui, la silhouette claire de Dylan, bondissant de la mer, plongeant, faisant des pirouettes. Énergie pure, grâce et puissance. Dylan, toujours Dylan.

Avec l'éclat tendre et complice de son regard.

« Je n'ai pas peur ! pense Arthur. Je n'ai pas le droit d'avoir peur. J'ai un ami, un vrai ami... »

Vendredi, quatorze heures... Arthur regarde sa montre. Plus que trois heures avant la fin des cours. Un coup d'œil sur Morgane, assise quelques rangs derrière. Elle vient de chuchoter quelque chose à l'oreille de Flora qui aussitôt se met à sourire, radieuse.

« Insupportable ! » se dit Arthur qui préfère piquer du nez dans son livre. Mais il a tellement hâte de se retrouver sur la mer qu'il tourne vite la tête vers la fenêtre. Les feuilles du tilleul s'agitent. Le vent se lève.

Arthur rêve de la brise marine, de l'horizon infini et des gémissements des mouettes. Il s'envole ailleurs, très loin. M. Rocher, le professeur d'histoire, s'en aperçoit. C'est un petit homme mince, au crâne presque chauve, excepté une mèche grise soigneusement rabattue sur le front. Il articule d'une voix d'orage :

— Arthur Montferron, pouvez-vous répéter ce que je viens de dire ?

Flora et Morgane échangent un coup d'œil complice. Un lourd silence se fait dans la classe. Arthur, en entendant son nom, a sursauté. Il répond avec un petit sourire :

— Non, monsieur ! Je suis désolé, je pensais à autre chose !

Tous les élèves éclatent de rire. Arthur baisse modestement la tête. M. Rocher, agacé, s'écrie d'un ton sec :

— C'est une manie chez vous. Au prochain avertissement, je vous retiens mercredi prochain.

Arthur, calmé par la menace, décide de s'intéresser aux leçons d'histoire.

Pendant la récréation, Morgane court jusqu'à la cabine téléphonique, située près du distributeur de boissons. Flora l'accompagne, les joues roses d'émotion. Morgane compose le numéro du portable de sa mère. Enfin, la voix posée d'Océane demande ce qui se passe :

— Maman, je voudrais inviter Flora à passer le week-end sur le bateau ! Elle serait trop contente ! Si tu es d'accord, mais tu es obligée d'être d'accord, elle demandera à sa mère ce soir...

— Je crois que je ne peux pas refuser ! déclare Océane d'un ton mi-agacé, mi-amusé.

— C'est ça, maman ! Alors, tu veux bien ? Flora est super-gentille. Son père connaissait Jean-Louis ! Jean-Louis... le dauphin !

Flora entend Morgane répéter « Oui, oui, elle a promis » avant de raccrocher en riant.

— C'est dans la poche ! J'en étais sûre ! C'est génial, non ? Je vais t'expliquer... Je viendrai te chercher avec mon grand-père, dans le vieux port... Bien sûr, elle m'a demandé de t'expliquer, au sujet de Dylan, je l'ai rassurée...

— Oh, Morgane, je suis trop contente ! Et ton frère ?

Morgane hausse les épaules, puis elle entoure Flora d'un bras protecteur :

— Arthur, je m'en moque ! Et puis, sur l'*Odyssée*, il a meilleur caractère. Enfin, quand tout va bien...

5

L'île des cormorans

Yannick et Morgane sont à bord de l'annexe qui file vers la côte. En quelques minutes, le *Cabotin* approche de la jetée. Là-bas, une fille brune, vêtue d'un jogging gris, une casquette sur ses cheveux courts, fait de grands signes de la main.

— C'est Flora, je parie ! s'écrie Yannick.

— Oui ! Oh ! Regarde, elle a dû cueillir des fleurs pour maman. La pauvre, elle me fait de la peine... tu te rends compte, son père a disparu en mer, quand elle avait sept ans...

— Les eaux de la côte bretonne, sans parler du large, sont très dangereuses. Tiens, passe-moi le bout d'amarrage.

Morgane, en jean et pull blanc, sa chevelure de sirène divisée en deux couettes, obéit aussitôt. Elle se sent très heureuse. Le soleil s'est enfin montré après deux jours de grisaille et de bruine ; le petit bateau tangue sous elle, un balancement qui ne la surprend plus.

— Salut, Flora ! On est un peu en retard, à cause de papy ! Il finissait des mots croisés...

— Ben voyons ! rugit Yannick en serrant la main de Flora. Ne l'écoute pas, petite, en vérité, c'est mademoiselle qui a mis une heure à se coiffer !

Flora, un peu intimidée, sourit en hochant la tête. Morgane l'aide à monter à bord et l'installe à ses côtés.

— Voilà, tu vas enfin te retrouver sur la mer, Flora ! Papy ne voulait pas me croire, quand je lui ai dit qu'une Bretonne, née dans une famille de pêcheurs, n'était jamais montée sur un bateau !

— Cela fait peur à maman ! marmonne Flora. La preuve, si ta mère ne lui avait pas téléphoné, je n'aurais pas pu venir.

L'annexe redémarre. Les deux filles se

tiennent en plein vent. Flora se cramponne, Morgane rit de plaisir. Au loin se dessine la silhouette massive de l'*Odyssée*, sur laquelle boude Arthur, enfermé dans sa cabine...

Une fois à bord, Morgane n'a qu'une idée, faire visiter son bateau à Flora. Les deux filles, après avoir rendu une visite à Océane, explorent les lieux. Le pont, la cabine de pilotage, la cuisine, la cale où sommeille le moteur, rien n'est oublié. Morgane commente chaque détail avec un brin de fierté :

— Voici notre maison sur la mer ! Là, juste un coup d'œil, c'est la cabine de papy ! Un vrai repaire de pirate...

Flora éclate de rire, enchantée de découvrir les secrets du bateau. Devant l'une des portes, Morgane murmure :

— Domaine privé de mon frère ! Il a mis le verrou... Quelle tête de mule !

Après la visite, elles remontent sur le pont, pour bavarder en plein air. La journée passe vite. Pendant le dîner, Arthur fait son apparition, plus boudeur que jamais. Comme pour rétablir l'équilibre, Océane et Yannick se montrent pleins de sympathie pour Flora. Le repas prend des allures de conférence sur les dauphins, quand ce n'est pas sur les beautés de la côte bretonne.

Lorsqu'il fait nuit noire, les deux filles se retrouvent, toutes joyeuses, dans leur cabine :

— On lève l'ancre à huit heures, demain matin... rappelle Morgane à Flora, allongée dans un hamac.

— Oui, j'ai entendu ! Vers le large ! Tu sais, Morgane, j'ai passé une super-journée ! Ta mère est adorable. Tu lui ressembles beaucoup.

— Oui, papa dit toujours ça !

Morgane se couche à son tour, mais elle laisse allumée sa veilleuse. Ce soir, pas question de frapper à la cloison le signal habituel. Arthur ne viendra pas lui parler. Il est resté de glace, même à table. Flora devine à quoi pense son amie. Elle demande tout bas :

— Ton frère, il est vraiment fâché que je sois là ?

— Évidemment ! Et crois-moi, il ne fait pas semblant ! Maman a essayé de le raisonner, mais non, le roi Arthur se sent offensé. Il a passé l'après-midi enfermé, alors que d'habitude il reste sur le pont. Dommage, si Dylan était apparu, cela aurait pu arranger les choses... Ne t'inquiète pas, Flora, nous, on s'est bien amusées.

Flora approuve en bâillant. Le silence s'installe. Un rayon de lune frappe l'*Odyssée*. Il se glisse chez Arthur qui rumine sa colère, assis sur sa couchette.

— Flora par-ci, Flora par-là ! Une autre crêpe ? Du thé glacé... murmure-t-il en imitant les intonations de sa sœur.

Cependant, un souvenir le dérange. Cela s'est passé au coucher du soleil. Morgane et Flora sont venues s'accouder au bastingage, à la proue, près de lui. Le spectacle était fantastique. Même leur mère était là, à deux pas, à contempler le ciel rouge semé de filaments dorés, accrochés aux contours des nuages d'un violet intense. Des mouettes volaient près de l'îlot, les vagues, assez fortes, accouraient du large comme de mystérieuses créatures.

Arthur, malgré sa décision de bouder ferme jusqu'au lundi, s'est retourné un instant pour observer Flora. Elle fixait l'horizon, le visage coloré par le couchant. Il a cru voir des larmes au bord de ses yeux. Alors il a pensé à ce que lui a confié Océane, avant l'arrivée de « Pot de colle » :

« Flora a perdu son père. En mer. Elle n'a sûrement pas la vie facile que tu connais, à Paris ou ici. J'apprécie le geste de Morgane, qui offre un peu d'amitié à quelqu'un de nouveau ! Tu pourrais te montrer moins borné, Arthur ! Flora ne t'a rien fait... »

Depuis ce moment étrange, Arthur hésite. Sa mère n'a pas tort, puisque lui aussi il a éprouvé de la honte, à s'être montré si désagréable. Soudain, il ne résiste plus et frappe trois petits coups contre la cloison. Morgane, ébahie mais ravie, répond de la même façon. Vite, il lance :

— Oh ! Les filles, vous dormez ?

— Non, pas encore ! Tu viens ?

— J'arrive...

Morgane se réveille en sursaut. La voix d'Arthur, accompagnée de coups joyeux à la porte, résonne :

— Lève-toi vite ! Dylan est là ! Je l'ai

entendu le premier, il nageait autour du bateau en appelant...

— Vrai ? Ce n'est pas une de tes blagues ?

— Tu n'as qu'à venir voir... Moi, je remonte sur le pont !

Morgane bondit de son lit. Flora est déjà debout.

— Dylan est là, Flora ! Viens...

Les deux filles s'élancent, en pyjama. Le moteur de l'*Odyssée* ronronne, Océane, en peignoir, est penchée en haut de l'échelle. Pas d'Arthur en vue.

— Maman ! Où est Arthur ?

— Là, en bas, et vois-tu, il a presque les pieds dans l'eau...

Morgane se précipite, Flora sur ses talons. Le grand dauphin se maintient à contre-courant, tout près de la coque. Arthur le caresse, perché dans une position acrobatique sur un des barreaux. Il crie à sa sœur :

— Regarde-le ! On dirait qu'il cherche à se faire câliner...

En apercevant Morgane, Dylan lance une série de grincements joyeux, puis il recule vivement, pour nager vers le large. Brusquement il virevolte, revient près des enfants en poussant de petits appels modulés.

« Mais qu'est-ce qu'il a ? » se demande Morgane.

Elle ferme les yeux, respire à fond pour se calmer. Une image lui apparaît. Une île rocheuse, noire sur l'océan d'un bleu scintillant. De grands oiseaux sombres volent au-dessus d'une petite plage.

— Dylan ! Reviens ! hurle Arthur d'un ton désolé.

Océane aide son fils à reprendre pied sur le pont :

— Ne te rends pas malade parce qu'il est parti ! De toute façon nous avions décidé de retourner à l'endroit de la panne... Je crois qu'il y va, lui aussi. Alors, en route.

Morgane donne une tape affectueuse à son frère :

— C'est ce qu'il veut, maman, tu as raison ! On doit le suivre !

— Ouais... répond Arthur. Je vais aider papy.

Flora n'a pas osé dire un mot. Elle garde la vision éblouissante du grand dauphin se laissant toucher par Arthur. La vie sur l'*Odyssée* la fascine. Morgane lui prend le bras :

— Nous sommes de corvée de petit déjeuner... allez, au travail ! Du café noir, des tartines beurre-confiture et du thé pour maman !

— Je me demande jusqu'où il compte nous emmener, ce dauphin du diable ! déclare Yannick juste avant midi.

Arthur, coiffé de la casquette du capitaine, proteste d'un ton scandalisé :

— Papy ! Dylan n'est pas un dauphin du diable ! C'est un ange des mers ! Il faut absolument le suivre. Savoir ce qu'il veut nous montrer...

Flora rit en silence. Elle est prise depuis le matin dans un tourbillon de discours, de suppositions, de chansons familiales parfois très drôles. Et Arthur ne lui fait plus la tête.

Pour l'instant, ils sont dans la cabine de pilotage. Océane a distribué des sachets de chips et des sandwichs au fromage. Morgane, entre deux bouchées, se décide :

— Moi, j'ai vu quelque chose. Je suis sûre que c'est là-bas que nous allons. Dylan m'a envoyé l'image par télépathie. Nous communiquons comme ça...

— Qu'est-ce que tu racontes, Morgane ? demande Océane, étonnée.

— La vérité, maman ! Arthur le sait, je lui ai dit.

— Et tu as vu quoi ? murmure Flora.

— Je vais vous le décrire, vous aurez la preuve que je ne mens pas. J'ai vu nettement une île, un peu plus grande que notre îlot... Il y avait une petite plage de sable, et des oiseaux noirs, au bec recourbé. Des cormorans, je crois.

Yannick s'exclame en pouffant :

— Des endroits comme ça, Morgane, j'en connais des centaines au large de la côte des Légendes. C'est d'un banal !

— Peut-être, papy ! Mais si je la vois, cette île, je la reconnaîtrai.

Arthur fronce les sourcils, dévoré par l'envie. Sa sœur se vante souvent, mais elle a sûrement raison. Dylan est capable de dialoguer avec Morgane par la pensée... Il avale une dernière bouchée et retourne à la proue du bateau...

Dylan fonce droit vers son but. N'importe qui le voyant se dirait : « Ce dauphin sait où il va... »

C'est exactement ce que se répète Océane en suivant sur l'écran de son ordinateur le trajet de Dylan. Encore une fois, elle s'interroge sur lui. Prend des notes, soupire, perplexe...

Sur le pont, Morgane, Flora et Arthur se posent aussi des questions.

— Moi, je pense qu'il a trouvé un bateau échoué... avec des gens en difficulté ! suppose Arthur.

— Non, il y a un autre dauphin malade, ou sa compagne, prisonnière d'un filet... affirme Morgane, les bras croisés.

Flora réfléchit. Navrée de ne rien trouver, elle dit tout de même :

— Nous verrons bien... en tout cas, je n'oublierai jamais cette journée. Dylan est si beau ! Et vous avez vu, je n'ai pas eu le mal de mer ! Votre grand-père a dit que j'avais le pied marin !

Arthur lui décoche un regard noir, se souvenant de ses premiers jours à bord, quand il était si malade. Morgane éclate de son rire léger, « en grelot » selon leur mère. Puis ils se taisent tous les trois. Sur l'horizon se dessine une île, hérissée d'un piton rocheux.

Yannick jette l'ancre à quelques encablures de l'île, survolée par une nombreuse troupe de cormorans. Morgane trépigne de joie :

— C'est elle que j'ai vue ! Super ! Je vous l'ai dit ! Dylan m'a choisie comme messagère.

Flora lui donne un petit coup de coude.

— Ton frère, il a la permission de mettre le zodiac à la mer. Il va sur l'île avec ta maman !

— Et nous on reste à bord ? C'est injuste ! s'écrie Morgane, stupéfaite. Je dois y aller aussi...

Dylan nage autour de l'*Odyssée*, sans oublier de filer parfois droit sur la plage, faisant demi-tour au dernier moment, revenant aussitôt guetter les gestes de ses amis humains.

Ils sont venus. Ils ont compris. Tout est bien. Eux, ils sauront ce qu'il faut faire. Il est un peu fatigué, mais il se reposera plus tard, en dormant à demi, sans oublier d'aller respirer à la surface en temps voulu.

— Maman, je peux venir avec vous ?

— Non, Morgane ! Attends-nous ici avec Flora. Je ne peux pas vous emmener toutes les deux, ce serait imprudent.

Océane sait se montrer inflexible. Bientôt le canot s'éloigne, au rythme des rames que malmènent les vagues.

Morgane serre les dents, furieuse. D'un coup, elle en veut à Flora d'être là. Il ne lui faut pas longtemps pour trouver une solution :

— Flora ! Tu peux me rendre un service ?

— Oui !

— Va parler à mon grand-père, de n'importe quoi... Occupe-le un moment. Je vais mettre ma combinaison de plongée. Pas question que je reste ici comme une petite fille modèle !

Flora hoche la tête. Ce n'est pas facile de dire non à Morgane. En quelques minutes, celle-ci a plongé sans bruit, après avoir descendu discrètement l'échelle.

Yannick, un peu agacé par le bavardage de Flora sur les qualités de l'*Odyssée*, cherche Morgane des yeux. Il la voit à mi-chemin du bateau et de l'île. Un juron lui échappe :

— Nom d'un chien ! Toi, petite, tu étais dans le coup, j'en mangerais ma casquette !

— Oui, monsieur, je suis désolée. Morgane avait envie de les suivre à la nage, elle avait peur que vous refusiez !

— Quelle bourrique ! Si c'était ma fille, je lui montrerais de quel bois je me chauffe ! Allez, file.

Morgane ne croyait pas que la mer était aussi forte. Elle nage pourtant avec énergie, pressée de prendre pied sur la petite plage. Le canot vient d'accoster. Le grand dauphin a disparu.

— Dylan ! appelle-t-elle entre deux inspirations.

Soudain Morgane se sent soulevée et poussée en avant par une grosse masse souple.

Jamais elle n'a connu cette sensation extraordinaire de puissance et de vitesse. Elle comprend tout de suite. C'est Dylan qui la conduit vers le rivage comme si elle n'était pas plus lourde qu'une plume...

Malgré le bruit du ressac sur la grève, malgré le vent ou grâce à lui, Morgane distingue nettement des aboiements joyeux. Au même instant, le dauphin plonge, la laissant seule. Pourtant il ne tarde pas à jaillir de la mer, à ses côtés, en lançant une série de cris aigus qui ressemblent à une réponse pleine de gaieté...

6

Les rescapés

Arthur a sauté du canot le premier, pendant que sa mère tirait l'embarcation sur la grève. Dylan les a escortés jusqu'aux abords de l'île, mais il a vite fait demi-tour.

— Maman ! Est-ce que tu vois Dylan ?

Océane observe la mer. Elle aperçoit immédiatement le dauphin et près de lui une boule noire, puis deux bras eux aussi gainés de noir.

— Arthur, il y a quelqu'un avec Dylan ! Oh ! C'est Morgane...

Mais Arthur ne répond pas. Il vient d'entendre aboyer, dans les rochers. Il se précipite en criant :

— Regarde, maman ! Là-bas ! Un chien...

Océane accourt. C'est vrai, un labrador noir approche avec méfiance de son fils, en remuant pourtant la queue. Morgane, qui vient de sortir de l'eau, assiste à la scène, en se dépêchant d'enlever ses palmes. Arthur parle doucement au chien :

— Qu'est-ce que tu fais là, toi ?

— Comme il est maigre ! constate Océane qui s'est agenouillée près de l'animal. Mais c'est une femelle ! Regarde, elle a les tétines gonflées.

Arthur caresse la chienne sans cesser de la rassurer :

— Là, tu es sauvée ! Tu dois mourir de faim !

Morgane les a rejoints. La découverte du chien la surprend tellement qu'elle a oublié sa désobéissance. Pas sa mère :

— Ah, te voilà ! Ma pauvre Morgane, tu te conduis comme une gamine ! La prochaine fois, quand je te donne un ordre, obéis ! C'est inadmissible, tu m'entends ? Mais nous verrons ça plus tard...

Arthur, assez content d'être pour une fois du côté des innocents, prend le labrador dans ses bras. La chienne se jette dans un concert d'aboiements, ne s'interrompant que pour donner des coups de langue sur le nez de son bienfaiteur.

Sa mère examine la rescapée attentivement. Les oreilles, le cou, puis elle soupire :

— Pas de chance ! Elle n'est pas tatouée. J'ai même l'impression qu'elle n'a jamais porté de collier. Mais elle a du lait ! Arthur, cherche bien dans les rochers. Elle a sûrement des chiots. C'est incroyable, sur cet îlot...

Morgane s'élance dans une autre direction que son frère. Son cœur frémit de joie, à l'idée de trouver les petits de la chienne. Avant Arthur, si possible.

Océane observe le labrador. À son avis, elle doit savoir mieux qu'eux où sont ses bébés, s'il y a bien des bébés. Mais la chienne ne bouge pas. Elle regarde la mer. À quelques brasses de la plage, Dylan s'est lancé dans un ballet nautique impressionnant, ponctué de cris stridents. Arthur et Morgane se retournent. Ils devinent tout...

— Dylan a dû veiller sur la chienne ! La preuve, depuis quelques jours, il avait disparu et il voulait absolument nous emmener ici ! affirme Morgane.

Son frère renchérit, exalté :

— Bien sûr ! Il n'avait qu'une idée, la sauver.

Ils assistent alors à un spectacle étonnant. Dylan se dresse hors de l'eau, un poisson entre les dents. Avec une habileté stupéfiante, il envoie sa proie en l'air, lui décoche un coup de nez vigoureux. Le poisson atterrit sur le sable semé de galets. Immédiatement la chienne s'élance en jappant et se jette sur cette nourriture tombée du ciel.

— Tu as vu ça, maman ? s'écrient les jumeaux en chœur.

— Oui, j'ai vu. Cela nous explique toute l'histoire. Dylan alimente cette pauvre bête depuis des jours, mais il a dû penser que sa place était auprès des hommes, pas sur une île déserte... Il essayait de nous conduire ici, et il a réussi ! Ce dauphin est d'une intelligence extraordinaire. Je suis sûre qu'il a travaillé dans un parc d'attractions !

Morgane et Arthur approuvent sans conviction. Ils en ont parlé ensemble plusieurs fois : ils se moquent bien d'où vient

Dylan. Maintenant le grand dauphin est libre et il les a choisis comme amis.

La chienne en profite pour filer entre deux gros rochers, le poisson à la gueule. Les jumeaux la suivent en courant. Océane se précipite aussi.

— Maman ! Regarde ! Ils sont trop mignons..

Deux chiots dorment, blottis l'un contre l'autre, dans un creux de sable. Ils sont aussi noirs que leur mère. La chienne se couche sur eux, avec un regard inquiet.

— N'aie pas peur ! murmure Océane, on ne te veut aucun mal.

Morgane a les larmes aux yeux. Sa main se pose sur la tête de la chienne qui se laisse caresser.

— Tu crois qu'elle nous permettra de les prendre ? demande-t-elle à sa mère.

— Il faudra bien. Ils n'ont que quelques jours. Ils n'ont pas encore les paupières ouvertes. Pauvres bouts de chou !

Océane, Morgane et Arthur parlent, caressent, rassurent. La chienne est vite en confiance totale. Quelques minutes plus tard, elle suit ses sauveteurs jusqu'au zodiac.

Arthur porte les chiots avec précaution. Morgane l'a supplié, mais il a refusé de lui en confier un.

Leur mère remet le canot à l'eau. Au passage, elle a ramassé les palmes de Morgane afin de les ranger à bord.

— Embarquez ! Arthur, tu vas tenir la chienne entre tes genoux. Fais-lui sentir ses petits... Cela la tranquillisera. C'est un miracle qu'elle ait survécu, je ne sais pas comment elle a fait pour boire... Elle peut souffrir de déshydratation. Tu n'as qu'à ramer, Morgane.

Dylan semble les attendre, à une dizaine de mètres du rivage. Dès qu'il voit la petite embarcation prendre la mer, il bondit et plonge, se rapprochant sans hâte. Morgane ne le quitte pas des yeux. Elle rame de toutes ses forces, dans l'espoir de se faire pardonner. Mais sa mère a son visage fermé des mauvais jours...

Du bateau, Flora leur adresse des signes de la main. Cependant, la mer, de plus en plus agitée, rend le parcours difficile. Sur le front d'Océane, un pli se dessine, qu'Arthur connaît bien. Sa mère est inquiète. Il murmure gentiment :

— Dylan nous accompagne, maman ! Moi, je n'ai pas peur !

— Je serai tranquille quand je vous verrai en lieu sûr ! réplique Océane en soupirant.

Enfin le canot est arrimé à l'échelle. Dylan vient le frôler, sa grosse tête agitée de brefs mouvements. En voyant cela, la chienne échappe à la surveillance d'Arthur. Morgane cherche à la retenir, mais la rescapée tend déjà la tête vers Dylan.

Le dauphin et le labrador sont face à face. Penchés par-dessus le bastingage, Yannick et Flora observent la scène. Les deux animaux semblent se faire de mystérieuses confidences, l'un à coups de langue, en jappant sur un ton plaintif, l'autre en plissant à demi les yeux, comme s'il souriait.

Morgane, bouleversée, déclare d'un ton ému :

— Regardez-les, ils sont amis ! Je suis sûre que Dylan l'a aidée à se réfugier sur l'île... Ils se connaissent bien !

Océane a un petit sourire, Arthur et sa

sœur rayonnent de joie. Et là-haut, Flora s'essuie les yeux, en cachette du capitaine qui, lui, se gratte la barbe en signe de profond étonnement.

— Non ! Non, c'est non ! répète Océane en tapant sur la table de la cuisine, ce qui n'est pas dans ses habitudes. Non, nous ne pouvons pas garder cette chienne ! Elle a dû tomber d'un bateau, ses maîtres l'ont crue noyée... Je vais passer un message radio. Son propriétaire la récupérera. Ses petits et elle.

— Mais, maman... proteste Arthur. Tu l'as dit toi-même, elle n'a pas de collier, pas de tatouage.

— Et elle nous aime, elle aime Dylan ! ajoute Morgane, tout bas.

Flora caresse le chien. Elle dit timidement :

— Ma grand-mère a déjà un chien, sinon j'aurais pu la ramener à la maison. Rémi adore les animaux...

— Rémi, c'est bien ton petit frère ? demande Océane.

— Oui, c'est ça.

Tout le monde regarde la chienne. Elle est

couchée sur un carré de toile, une gamelle d'eau à proximité. Elle a mangé avec appétit du riz et des œufs. Souvent, elle pointe le nez en l'air, les yeux pleins d'amour. Les chiots dorment entre ses pattes.

Morgane n'ose pas insister. Quand Arthur se lève, elle le suit. Flora, qui n'a pas fini son bol de céréales, reste assise. Elle a l'impression d'être devenue invisible...

— Ne t'en fais pas ! lui dit Océane, attendrie par sa mine déçue. Avec les jumeaux, c'est souvent comme ça. Ils veulent bien avoir des amis, mais les amis se retrouvent souvent à la porte de leur bulle.

Morgane et Arthur, appuyés coude à coude au bastingage, admirent les évolutions de Dylan. Le dauphin nage doucement, en s'arrêtant souvent pour les regarder. Le moteur de l'*Odyssée* ronfle, l'ancre est levée.

— J'espère qu'il va nous suivre ! murmure Arthur.

— Oui, ce serait bien. Dis, tu crois que maman ne veut vraiment pas de la chienne ?

— J'sais pas ! grogne son frère. En tout

cas, si elle est de mauvaise humeur, c'est à cause de toi ! D'abord tu la forces à inviter Flora, ensuite tu désobéis...

Morgane s'écarte d'Arthur, indignée :

— À cause de moi ! Tu exagères ! J'avais le droit de venir aussi. Et je n'ai pas forcé maman, pour Flora...

— N'empêche, tu es de corvée de vaisselle pendant une semaine !

— Je m'en fiche ! Salut !

Le bateau se met en route. Morgane, vexée, descend dans sa cabine. Flora est assise au bord de la couchette. Elle dit tout bas :

— Je n'ai pas osé vous rejoindre sur le pont ! Je ne voulais pas vous déranger... Dylan est toujours là ?

— Oui. Avec Arthur...

Des aboiements et un bruit de galopade coupent la parole à Morgane. La chienne a dû monter sur le pont. Elles l'entendent japper à plusieurs reprises. Puis il y a les pas rapides d'Océane.

— Qu'est-ce qui se passe, à ton avis ? demande Flora.

Morgane hésite. Elle aimerait bien rester

enfermée dans sa cabine jusqu'au soir, pour manifester son chagrin, mais la curiosité la pousse à sortir de son refuge.

— Viens, on va voir !

L'*Odyssée* vogue vers la côte. Dans son sillage, Dylan s'amuse à bondir et plonger, tandis qu'à l'arrière du bateau, la chienne aboie frénétiquement en guettant chacune de ses apparitions.

— Voilà une bonne paire de copains ! déclare Yannick, amusé.

— Cela va être difficile de passer inaperçus, au point d'ancrage, avec un labrador noir d'encre et un grand dauphin blanc ! ajoute Océane, les yeux pétillants d'une soudaine gaieté.

Morgane saute sur l'occasion. Elle pose timidement une main sur le bras de sa mère :

— Maman, je suis désolée... J'aurais dû t'obéir, je ne sais pas ce qui m'a pris.

Océane ne répond pas tout de suite. Elle observe Arthur qui explique quelque chose à Flora. La chienne s'est couchée, la tête posée sur ses pattes de devant. Elle semble dire :

« Ma place est sur le pont, de là je ne perds pas de vue mon ami le dauphin... »

Dylan se sent joyeux. Ce qui le tracassait est résolu. Il peut aller où il veut, ici ou ailleurs... Son cœur débordant d'affection lui conseille de suivre la grande chose blanche qui fait naître des remous amusants. Elle emporte ceux qui comprennent ces messages et lui parlent souvent, en faisant une musique bien agréable. Le son « Dylan » tourne dans sa tête, obsédant, mélodieux.

Et il y a la bête si drôle, avec laquelle il communique facilement. Elle aboie comme les sœurs noires, bruyantes et capricieuses[1] *qu'il a connues avant. Mais elle nage moins bien, il a dû la pousser sur la terre la plus proche, sinon elle aurait perdu ses forces vives... Maintenant elle est sauvée.*

Océane prend sa fille par l'épaule :

— Je crois que vous avez des devoirs, Flora et toi, sans oublier Arthur. Descendez, je pense que Dylan ne nous faussera

1. Les otaries.

pas compagnie... et si vous avez le temps, tous les trois, cherchez un prénom pour cette chienne. Si personne ne répond à mon annonce, nous la garderons peut-être. J'ai téléphoné à votre père. Il a toujours rêvé d'avoir un labrador noir... Mais les petits, dès qu'ils seront sevrés, il faudra leur trouver des maîtres.

L'*Odyssée* se balance dans la nuit, silhouette claire ponctuée de petites lumières. Dylan n'est pas loin. Cela rassure les jumeaux. Cette fois, leur dauphin a l'air décidé à passer un peu de temps près du bateau. Flora est avec eux sur le pont. Le vent souffle violemment, cela ne décourage personne.

— Quand je pense que demain, il faut retourner au collège ! gémit Arthur. Je crois que je vais être malade... Dylan va encore disparaître si on n'est plus là !

— Ce n'est pas sûr ! répond Morgane. Réfléchis, notre chienne reste à bord. Ils sont amis, eux aussi...

— Moi, si c'était un mâle, je l'appellerais

« Moïse » ! dit doucement Flora. Parce qu'elle a été sauvée des eaux par Dylan...

— Géniale, ton idée ! s'écrie Morgane. Tu aurais dû le dire à maman, à table !

— Je ne suis pas de la famille ! réplique Flora, les joues en feu. Et puis ce n'est pas un prénom féminin. Dommage...

Arthur proteste aussitôt, à la grande surprise des deux filles :

— Quand même, tu avais le droit de donner ton avis ! Ton cousin Henri, il a bien osé dire à Kermeur ce qu'il pensait, lui... Et ça me plaît, Moïse ! Justement, pour une chienne, c'est original.

Morgane sourit aux anges. Son plan a marché. Dès que son frère a su que son défenseur à lunettes rondes était le cousin de Flora, il s'est montré un peu plus gentil avec elle.

« Le roi Arthur a le sens de la justice... » se dit-elle en sifflotant.

7

Trahison

Le cours de français est terminé. Flora et Morgane sortent les premières de la classe pour se diriger vers la cour principale. Maud et Annaëlle, escortées de Jean Kermeur, les dépassent en riant. Arthur ne se presse pas, car il a une idée derrière la tête. La journée de lundi lui a paru courte, parce qu'il l'a passée en compagnie de sa sœur, de Flora et de son cousin. Henri était tout content de se mêler à eux. Il n'est qu'en cinquième, mais sa passion pour les animaux a plu aux jumeaux.

Aujourd'hui mardi, Arthur meurt d'envie d'appeler sa mère. Depuis la veille, Océane a reçu plusieurs coups de fil de ses enfants, sur le même thème. « A-t-elle retrouvé les maîtres du labrador ? » À chaque fois, elle a répondu « Non ».

Morgane a repris espoir. Ils vont garder Moïse, la protégée de Dylan ! Et si Moïse vit sur leur bateau, peut-être que le dauphin ne les quittera plus.

Lorsqu'il s'approche de la cabine téléphonique, sa sœur l'occupe déjà. Elle en sort triomphante.

— Arthur ! Moïse est toujours sur le bateau ! Maman m'a dit que ce soir, nous lui achèterons un collier.

Arthur entraîne Morgane à l'écart. Il lui demande à l'oreille :

— Et Dylan ?

— Toujours là aussi... mais des gens l'ont vu, ils passaient en voilier. Cela ennuie maman...

Ils n'ont pas le temps d'en dire plus. Des cris s'élèvent sous le préau, tout près d'eux. Morgane aperçoit Flora qui tente d'arracher un objet à Jean Kermeur, tandis que son cousin Henri ramasse des feuilles blanches, éparpillées sur le ciment.

Morgane et Arthur s'élancent au secours de leurs nouveaux copains. Flora court vers eux :

— Jean a pris les lunettes d'Henri. Il ne veut pas les lui redonner, c'est nul, sans ses verres, il aura la migraine toute la journée !

Jean Kermeur, le visage fendu d'un grand sourire, nargue ses adversaires de toute sa haute taille :

— Si vous voulez les lunettes, venez les chercher, nabots !

Arthur bondit. Les dents serrées, il frappe au hasard. Un des coups porte. Voyant son ennemi plié en deux, il arrache aussitôt la paire de lunettes et les rend à son propriétaire. Morgane a fini de ramasser les dernières feuilles de classeur. Henri, soulagé, montre le poing :

— T'as vu ça, Kermeur ? Arthur, il est peut-être parisien, mais il sait se battre... et puis, lui et sa sœur, ils nagent avec un grand dauphin ! C'est pas près de t'arriver !

Morgane jette un regard noir à Flora, changée en statue. Arthur a l'impression que le ciel lui est tombé sur la tête... Jean Kermeur, bouche bée, demande :

— C'est quoi, cette blague ? Ils viennent juste d'arriver, tu vas pas me faire croire qu'ils vont en mer !

Henri redresse le torse en criant de plus belle :

— Si, figure-toi ! Ils habitent sur un bateau du C.N.R.S.[1], un super-bateau, plus chouette que celui de ton père...

M. Rocher écoutait depuis un moment, à la porte du secrétariat. Il marche à grands pas vers le petit groupe d'élèves :

— Qu'est-ce qui se passe, encore ? Toujours toi, Kermeur ! Tu veux recevoir un autre avertissement ? Au troisième, tu es exclu de l'établissement pour une semaine...

Puis, se tournant vers Arthur :

— Cette histoire de dauphin, c'est sérieux ?

Les deux garçons répondent en même temps, mais leurs versions sont bien différentes :

— Non, monsieur, c'est une blague ! crie Arthur.

1. Centre national de la recherche scientifique.

— Oui, m'sieur ! Ma cousine, elle l'a vu, le dauphin. Il s'appelle...

Morgane intervient avec un air angélique. En prenant Henri par l'épaule, elle explique d'un ton ferme :

— On a imaginé ça, Flora et moi, pour épater Henri, monsieur Rocher. Désolée, on ne recommencera pas... Mon frère vous l'a dit aussi ! C'est bien une blague !

Le professeur fronce les sourcils, tout en rejetant en arrière son unique mèche grise :

— Mais ta mère est bien venue en Bretagne pour étudier les cétacés ?

Impossible de nier. Morgane ajoute en s'éloignant :

— Oui, monsieur, seulement elle n'a rien vu d'intéressant. Pas encore !

M. Rocher n'insiste pas. Il poursuit son chemin en lançant une œillade menaçante à Jean Kermeur. Flora rejoint Morgane :

— Ouf ! Tu as sauvé la situation, enfin je crois... Henri m'avait promis de ne rien dire !

— Et toi aussi, Flora, je te ferai remarquer ! Alors, laisse-moi, je te prie.

Flora reste plantée au milieu de la cour.

Morgane lui tourne le dos. Au même instant, Arthur passe à côté d'elle. Dans ses yeux, elle lit une colère terrible. Henri, qui la rejoint tête basse, murmure :

— Excuse-moi, Flora !

— Toi, disparais ! Je t'avais dit que c'était un secret... Maintenant Morgane me déteste...

Arthur fixe Morgane avec mépris. Le frère et la sœur sont assis face à face au fond de la cour, sur un carré de pelouse.

— Super, ta copine Flora ! Maman lui a fait confiance, nous aussi et voilà le résultat ! Je suis sûr que le prof d'histoire va se douter de quelque chose !

— C'est Henri qui a trahi ! proteste Morgane. Un sale idiot à lunettes !

— Au départ, c'est Flora la responsable, non ? Tu la laisses tomber, O.K. ?

Morgane fait « oui » de la tête, boudeuse. Elle en veut à Flora, mais pas tant que ça... Arthur l'observe puis répète :

— On ne leur parle plus. Henri me suivait tout à l'heure, je lui ai fait signe de dégager...

— Tu as raison, ils ont abusé ! Je monte chercher mon sac, j'ai encore le temps.

Arthur regarde sa sœur partir. Il voit Flora la suivre immédiatement dans la direction de l'internat.

Morgane a déjà préparé son sac, mais elle s'attarde dans la chambre, un peu triste. Flora entre, le visage ruisselant de larmes :

— Pardonne-moi, je suis si malheureuse... Je rêvais d'être ton amie ! Mon cousin adore les animaux, les dauphins aussi, alors je n'ai pas pu m'empêcher de lui raconter tout. C'est nul, je sais...

— Arthur est furieux ! soupire Morgane, hésitante. Si je te pardonne, il m'en voudra à mort ! Tant pis, Flora, je t'avais prévenue. Tu comprends, maman nous a dit de ne pas parler de Dylan ! Pour son bien. Elle nous a raconté des histoires affreuses. Des gens avaient donné n'importe quoi à manger à des dauphins. Ils en sont morts.

Flora pleure en silence. Puis elle balbutie :

— Je suis désolée, Morgane ! En plus, je voulais t'inviter demain après-midi. Ma mère était d'accord. J'étais si heureuse.

J'allais te le dire, ce matin... Près de chez moi, il y a une petite plage à l'abri du vent ! Et je t'aurais fait un gâteau.

Morgane se mord les lèvres. Flora lui cause de la peine, comme toujours. Vite, elle sort de la chambre sans répondre.

Le soleil ne tardera pas à se coucher. L'*Odyssée* se balance faiblement. La brise marine caresse le front d'Arthur, assis à la proue du bateau. Dylan nage à fleur d'eau, multipliant les va-et-vient entre l'îlot et les abords de l'échelle. Souvent, il se dresse pour lancer une suite de petits cris. À chaque fois, la chienne, couchée près d'Arthur, se lève à demi et aboie. Océane a dû l'installer sur le pont, avec ses petits, car elle n'arrêtait pas de faire des allers et retours.

— Pas de chance, Moïse ! Maman ne veut pas que je mette le canot à la mer. Tu ne peux pas aller jouer avec Dylan... toujours à cause de Morgane !

Moïse se recouche. Des mouettes survolent le pont, ailes tendues, bec en avant. Arthur, après les avoir contemplées, revoit la scène qui a suivi la sortie du collège. Leur mère au volant de la camionnette, l'air soucieux. Tout de suite, ces mots :

« Je suis navrée pour vous, les enfants, mais j'aimerais trouver le moyen d'emmener Dylan vers le large. Un second voilier est passé à midi près de l'*Odyssée*. Ils ont ralenti pour observer Dylan. D'ici deux ou trois jours, je vais avoir droit à des visites supplémentaires. Ce n'est pas un drame, seulement d'autres curieux peuvent venir. Ensuite la presse locale. Dylan ne sera plus tranquille ! »

Morgane a haussé les épaules. Elle devait raconter la trahison de Flora et de son cousin à Océane. Elle n'a pas osé. La suite du discours était bien pire :

« Votre grand-père et moi, nous avons pris une décision. Désolée, mais en fait il faut amener la chienne et ses bébés à la S.P.A. le plus vite possible. Ensuite, jeudi nous avons prévu une excursion vers Jersey[1], en espérant que Dylan nous accompagnera. Là-bas,

1. Île anglaise située au large des côtes bretonnes, vers le nord.

s'il rencontre d'autres dauphins, je pense qu'il ne reviendra pas. »

Arthur, à ce moment précis, a donné un coup de coude à sa sœur. Elle a vite expliqué ce qui s'était passé au collège. Leur mère, en poussant un soupir scandalisé, a presque crié :

« J'aurais dû m'en douter ! Eh bien, raison de plus pour faire ce que j'ai prévu. Comprenez-moi ! Si Dylan s'était approché des côtes, n'importe où, ce serait différent. Mais là, nous sommes responsables de lui. Il sera mieux très loin d'ici, à mener la vie sauvage des dauphins... »

Dylan vient de bondir vers le ciel, se retournant en vrille avant de plonger. Arthur éclate de rire, fasciné. Alors, demain, tout sera fini... La tête de Moïse sur ses genoux, les pirouettes du grand dauphin qu'il aime tant.... Il refuse d'y croire.

Morgane est allongée sur sa couchette. Elle a beaucoup pleuré. Le cœur serré, elle guette les cris de Dylan, les aboiements de Moïse. Le nez enfoui au creux de son oreiller, elle murmure :

— Ce n'est pas juste ! Vivre sans Dylan ! Maman n'a rien compris. Il nous aime, il reviendra toujours...

Elle ferme les yeux, revivant cet instant extraordinaire où le dauphin l'a poussée malgré la force contraire des vagues, comme s'il voulait partager avec elle sa joie de nager aussi bien, aussi rapidement.

« Quand j'ai raconté ça à Flora, elle avait envie de pleurer ! songe encore Morgane. Elle est quand même hypergentille, cette fille... Tant pis si cela ne plaît pas à Arthur. Ce soir, je lui téléphonerai. Elle, au moins, elle me consolera. »

Elle se lève, sort de sa cabine pour grimper les marches de l'entrepont.

Perdu dans ses pensées, Arthur n'a rien entendu. Soudain, alors qu'il regarde du côté de Dylan, il voit sa sœur en combinaison de plongée, qui nage droit vers le dauphin. Stupéfait, il jette un œil autour de lui. Personne. Leur grand-père doit préparer le dîner, leur mère a annoncé qu'elle passait une heure dans son bureau, afin d'étudier des documents.

— Tu n'as pas le droit, Morgane ! hurle-t-il en se redressant.

Dylan se précipite sur Morgane, décrivant des cercles de plus en plus rapprochés. Sa grosse tête hors de l'eau, il ouvre la bouche comme s'il riait.

— Oui, je suis venue te voir, Dylan ! J'ai apporté une balle ! Tu veux jouer ?

Morgane lance la balle. Le grand dauphin se rejette en arrière, et avec une adresse surprenante, il attrape la balle au vol.

— Bravo ! J'étais sûre que tu connaissais ce tour ! Lance-la-moi !

Dylan lâche le jouet et l'envoie d'un coup de son rostre vers Morgane qui le lui jette une deuxième fois. Mais elle pousse un cri, car quelqu'un approche, un masque sur les yeux, les cheveux aplatis sous la capuche de la combinaison. Elle observe attentivement ce mystérieux nageur. C'est Arthur !

— Pourquoi tu es là ? Va-t'en !

— Et toi ? Tu as demandé la permission à maman ?

Morgane n'a pas le temps de répondre. Dylan passe le long de ses jambes et va se poster devant son frère.

— Tu as vu ça, fée Morgue ? C'est moi qu'il préfère !

— C'est faux !

Sur le pont, Moïse hurle et gémit, inquiète d'être abandonnée. Elle sauterait bien à l'eau, mais il y a ses petits. Yannick l'a entendue et il se demande ce qui se passe. Un torchon sur le bras, le crâne dégarni de son éternel casquette, il comprend tout de suite la situation. Les jumeaux ont encore désobéi...

Ils sont là. Tout proches... sur sa peau soyeuse leurs caresses le transportent de bonheur. La mer sous eux pourrait les emporter au loin... mais il sait que ces amis-là ne sont pas nés pour l'océan immense. Il voudrait se rapprocher de son autre ami, celui qui lance des appels désespérés, là-haut, depuis la chose énorme que Dylan n'aime pas du tout. Ces choses peuvent blesser, tuer, répandre dans la mer des poisons redoutables.

Il se laisse emprisonner par l'amour des deux jeunes créatures de la terre. Se répète qu'il restera auprès d'elles.

8

Dylan au gré des vagues

Morgane et Arthur sont couchés, séparés par cette cloison qui leur sert si souvent à s'envoyer des messages codés en tapotant, les doigts repliés. Mais ce soir, ils n'y pensent même pas. Ils ont dû affronter une vraie colère de leur mère. Après cet orage, chacun s'est installé dans son coin, replié sur ses idées noires. Yannick, le visage dur, plongé dans un magazine, Océane, en digne fille de son père, s'est enfermée dans sa cabine-bureau, avec ses deux ordinateurs.

La chienne est restée sur le pont, les yeux pleins de tristesse. Dylan ? Il semble décidé à ne pas quitter les environs de l'*Odyssée*.

Morgane a demandé le téléphone portable. Elle a appelé son père, mais elle a juste pu laisser un message sur son répondeur. Ensuite, elle a composé un autre numéro. Celui de Flora. Cette fois, la conversation a duré longtemps. Morgane a raconté ses malheurs, puis elle lui a dit : « Tu sais, je te pardonne ! Je t'aime bien, Flora ! Déjà, je vais perdre Dylan et Moïse... Alors, je n'ai pas envie de rester fâchée avec toi... »

Arthur, lui, s'est réfugié dans son lit. Allongé, le nez en l'air, il a tout de suite éteint sa lampe. Il s'est mis à rêver tout éveillé. Il s'est vu soulevé par de monstrueuses vagues imaginaires, Dylan à ses côtés. Il a revécu plusieurs fois, pour ne jamais l'oublier, le moment où Dylan s'est élancé vers lui, venant demander des caresses, le frôlant, le soulevant hors de l'eau. Ils auraient pu jouer des heures. Arthur refuse de penser à l'avenir. Il croit sentir la force mouvante de la mer, le goût du sel, la fraîcheur de l'air du soir.

Sa mère a tout gâché en leur ordonnant de revenir. Les cris, la colère, les reproches, alors qu'ils étaient si heureux. Oui, même

Morgane rayonnait de joie, malgré sa déception de ne plus être seule auprès de Dylan. Il faudrait ne jamais devenir adulte !

Sur sa couchette, pelotonnée dans son vieux poncho rouge, Morgane pense la même chose, à quelques détails près...

Le lendemain matin, Morgane déclare à sa mère :

— Maman, je suis désolée pour hier ! Je sais nager depuis des années, alors je croyais avoir le droit de rejoindre Dylan. Je m'ennuyais, lui aussi... Aujourd'hui, si tu veux travailler tranquille, je sais où aller. Flora m'a invitée, enfin si tu es d'accord ! Elle était tellement malheureuse, à cause de ce qui s'est passé au collège. Elle m'a suppliée de lui pardonner, j'ai accepté... Tu dis qu'il faut toujours pardonner... Dis, je peux y aller ?

— Et si je disais non ? répond froidement Océane.

— Je comprendrais, maman !

— Tu as de la chance, ton grand-père a besoin d'aller en ville. Il te déposera au port et moi, j'irai te chercher ce soir. C'est pour

Flora que je te donne cette permission, je pense qu'elle a vraiment du chagrin.

— Je sais. Merci beaucoup, maman... Flora va être tellement contente !

Morgane s'éclipse en souriant. Elle a gagné. Il n'était pas question pour elle de passer une journée sur le bateau, entre les ronchonnements de son grand-père et les silences tristes de sa mère. Arthur ? Il n'aura qu'à bouder, comme d'habitude... Elle part à l'aventure.

Yannick a déposé les deux filles à l'entrée du village. Le vent souffle fort depuis l'aube, alors elles ont couru en riant le long d'une ruelle, en jetant des regards éblouis vers la mer. En bas des falaises, d'énormes vagues se brisent sur les rochers, projetant des éclaboussures mousseuses dans un bruit de rugissements.

La maison de Flora paraît charmante à Morgane. Au milieu d'un petit jardin planté de rhododendrons et de giroflées, entouré d'un muret de granit, elle ressemble un peu à une image de carte postale. Flora pousse le portillon en demandant :

— Et ton frère, qu'est-ce qu'il a dit ?

— Il n'est pas au courant... Tu sais, l'ambiance est vraiment nulle à bord. Demain, maman va confier Moïse à la S.P.A. et après, papy et elle vont attirer Dylan très loin. Arthur ne veut pas y croire. Moi non plus.

— Tu es vraiment gentille d'être venue quand même ! Si c'était le dernier jour avec Dylan et la chienne...

— Je les verrai encore ce soir ! déclare Morgane en souriant d'un air résigné.

Geneviève, la mère de Flora, a le même sourire et les mêmes joues rondes que sa fille, mais ses cheveux très courts grisonnent sur les tempes.

— Bonjour, Morgane ! Je suis contente que tu aies pu venir ! Flora n'invite jamais d'amies, à son âge, c'est dommage... Flora, allez vite voir Rémi toutes les deux, il vous attend.

Morgane observe discrètement la grande cheminée noire de suie, la longue table de bois ciré. Aux fenêtres sont accrochés des rideaux de dentelle qui ont l'air très anciens malgré leur netteté. L'ensemble lui plaît. Toute gaie, elle suit Flora vers la chambre de son petit frère.

Rémi est assis au centre d'un monticule de jouets. Morgane a un mouvement de surprise en découvrant cet enfant maigre, le dos voûté, le visage dénué d'expression. Flora explique à voix basse :

— Rémi n'a pas une croissance normale. Il est très nerveux. Maman ne sait plus quoi faire. À six ans, il parle mal et se fatigue vite. Alors c'est presque toujours moi qui le garde, parce qu'il a peur des autres personnes...

Morgane s'agenouille devant le petit garçon. Il ne lève même pas la tête.

— Bonjour, Rémi !

Il ne la regarde pas. Sa lèvre inférieure remonte pour une grimace effrayée. Les larmes aux yeux, il tend les bras vers Flora qui le prend contre elle en murmurant :

— N'aie pas peur ! Cet après-midi, comme il fait chaud, je t'emmènerai à la plage ! Morgane et moi, on te fera un château de sable...

— Quoi ? Morgane est partie chez Flora ? C'est vrai, maman ?

— Bien sûr que c'est vrai ! Je ne l'ai pas enfermée à fond de cale ! Même si elle le méritait.

Arthur a l'air si étonné que sa mère éclate de rire :

— Ne fais pas cette tête ! Des jumeaux doivent se séparer, avoir chacun leurs amis... À Paris, vous aviez pris l'habitude de séjourner chez Louis ou chez Claire.

— Ouais, à Paris, ce n'était pas pareil. Morgane m'avait promis de ne plus parler à Flora. Je te rappelle, m'man, qu'elle nous a trahis. Elle a trahi Dylan, et ça, c'est pire...

— De toute façon, je me doutais qu'elle serait incapable de garder le secret. Cela n'aurait servi à rien, puisque plusieurs personnes ont vu votre dauphin. Je te le répète, Arthur, c'est plus raisonnable d'éloigner Dylan de cette zone. Je suppose qu'il est toujours là, à discuter avec Moïse ?

Écœuré, Arthur répond par un petit signe. Il vient de passer une heure à regarder les acrobaties du dauphin, en caressant la chienne et ses bébés. L'idée de la séparation, prévue le lendemain, le rend malade.

Son grand-père entre dans la cuisine, une canne à pêche à la main :

— Dis donc, fiston, comme ta sœur nous a faussé compagnie, que penses-tu d'une virée le long de la côte, histoire de prendre un ou deux poissons pour le dîner ?

Pas de réaction. Océane et Yannick dévisagent Arthur, soudain embarrassé. Il réfléchit un bon moment avant de dire :

— Mais Dylan va nous suivre, papy ! Des gens le verront...

— Eh bien, ils le verront aujourd'hui, et demain plus rien. Tu sais, les dauphins, on en voit en Bretagne, ce n'est quand même pas un événement !

— Alors, pourquoi pas... marmonne Arthur qui se demande d'un seul coup pourquoi sa sœur a quitté le bateau alors que c'était leur dernier jour avec Dylan.

Il finit par croire qu'elle a préféré mademoiselle « Pot de colle » à leur dauphin. Et cela lui paraît tellement incroyable qu'il a presque envie de pleurer.

Flora a porté son petit frère jusqu'à la plage. Morgane, heureuse de se retrouver au grand air, s'est chargée du panier contenant leur goûter et la peluche de Rémi. Durant le déjeuner, elle a raconté à Geneviève en quoi consiste le travail d'Océane. La mère de Flora, songeuse, a conclu :

« Moi, je n'aimerais pas vivre sur la mer avec mes enfants ! Elle m'a déjà pris mon mari, alors... »

Les deux filles s'installent à l'abri du vent. Rémi, une fois assis sur le sable, semble se réveiller. Il tourne la tête vers la mer, comme si le mouvement incessant des vagues le passionnait et l'arrachait à sa somnolence. Morgane, qui l'observe discrètement, interroge Flora :

— Rémi a l'air d'adorer la mer !

Flora chuchote à son oreille :

— Oui, quand je l'emmène ici, même s'il fait un peu froid, il est différent. Je te remercie, Morgane, tu es très gentille avec lui. C'est un peu à cause de Rémi que je ne veux plus inviter de copines à la maison. Elles s'ennuient, parce que je dois m'occuper de lui. Ou alors elles le trouvent bizarre...

— Mais ce n'est pas sa faute, ni la tienne. Le pauvre, il n'a pas beaucoup de force. Tu as vu, il tremble...

Flora s'empresse d'enfiler un pull à son frère.

— Si on allait marcher au bord de l'eau, ça l'amuserait ! s'écrie Morgane. Il faut profiter du soleil.

— Super ! On y va !

Morgane a réussi. À force de sourires et de mots gentils, Rémi a bien voulu se percher sur ses épaules. Son pantalon retroussé jusqu'aux genoux, elle patauge dans le sable détrempé par le reflux.

— Regarde, Rémi ! Une autre vague ! Tu vois, elles sont de plus en plus gentilles, parce que c'est la marée basse.

Flora les suit en souriant. Morgane lui a pardonné. Jamais le soleil, ses reflets sur le bleu-vert de la mer, ne lui ont paru aussi beaux...

Brusquement, elle crie en montrant quelque chose du doigt, vers le large :

— Morgane... Là-bas, tu as vu ? On dirait Dylan !

— Mais où ?

— Près de ce rocher en pointe, à droite ! Je t'assure, il a sauté très haut !

Morgane scrute la mer, dans la direction indiquée, elle ne voit rien. Pourtant un petit bateau longe la côte, dont l'allure lui est familière.

— On dirait notre annexe... murmure-t-elle. Si c'est le *Cabotin*, Dylan le suit.

Une vague vient se disperser en remous autour des chevilles de Morgane qui retient son souffle avant de bredouiller :

— Je ne crois pas que ce soit le *Cabotin* ! Qu'est-ce qu'il ferait là ?

Rémi pousse un drôle de cri. Ses doigts se crispent entre les mains de Morgane. Il cherche à se dégager. Flora le raisonne :

— Sois sage, Rémi ! Qu'est-ce que tu as ?

— Là ! Là ! répond le petit garçon d'une voix frêle.

Flora et Morgane comprennent aussitôt ce qu'il a dû voir car, à une centaine de mètres du rivage, Dylan surgit de l'eau en un bond formidable. Cette fois, Rémi éclate de rire.

— Dylan ! hurle Morgane. Dylan, va-t'en !

Elles ne sont pas seules sur la plage. Sur le contrefort herbeux, en bas des rochers, des gens sont assis ou allongés au soleil.

— Qu'est-ce qu'il fait si près de la plage ? demande Flora.

— Je ne comprends pas ! Il n'a pas pu deviner que j'étais là...

Le grand dauphin, en restant à bonne distance, se lance dans un véritable spectacle. Rémi gigote sur les épaules de Morgane qui hésite à le ramener sur le sable, car de son perchoir, il voit mieux Dylan.

— Flora, il se rapproche !

— Regarde, le bateau aussi... C'est sûrement ton grand-père. Il y a peut-être un problème sur l'*Odyssée* ?

Morgane pense à Moïse. La chienne a pu tomber à la mer.

— J'ai envie d'aller téléphoner à maman ! soupire-t-elle.

Mais elle ne bouge toujours pas. Dylan

nage droit vers elle, tandis que Rémi lance de petits cris joyeux en répétant :

— Là ! Là ! Gros poisson !

D'abord il a bondi de pur bonheur en suivant la chose flottante, même si l'ami à quatre pattes n'était pas dessus. Il aime les créatures de la terre, surtout celles-ci, qui sont souvent amusantes et essayent de communiquer avec lui par l'esprit ou par les sons, comme celui qu'il reconnaît vite : « dy-lan »...

Il s'approche encore, car il vient de capter un autre message. Une menace ? Un danger ? Il n'a plus de temps à perdre.

9

L'ange gardien

À bord du *Cabotin*, Arthur supplie son grand-père :

— Papy ! Je t'en prie, Dylan est tout près de la plage maintenant ; je l'ai vu sauter plusieurs fois. Il a sûrement une raison de faire ça... Il faut y aller !

— Tu parles d'une partie de pêche ! D'abord, ce satané dauphin nous empêche d'avancer ! Il fait l'imbécile à droite et à gauche. Ensuite il nous laisse en plan !

Furieux, inquiet, Arthur se retourne vers le rivage. Yannick coupe le moteur et prépare son matériel de pêche en marmonnant :

— Ne te pose pas trop de questions, fiston ! C'est bien joli, votre histoire avec Dylan, mais ça ne peut plus durer ! Ta sœur a compris, elle ne m'en a pas dit un mot, quand je l'ai conduite à terre.

— Morgane, c'est une lâcheuse... Moi, je l'aime, Dylan ! Je ne veux pas qu'il lui arrive quelque chose ! Papy, on peut bien se rapprocher un peu plus de la côte. Maman le ferait, elle. Oui, maman comprendrait !

Yannick relève sa casquette. Il est rouge de colère, mais sa main droite se tend vers le démarreur. Une minute plus tard, le *Cabotin* file vers la plage.

— Dylan, il s'appelle Dylan... tu sais pourquoi, Rémi ?

— Non !

— Parce qu'il a sauvé mon frère. Eh oui, j'ai un frère, Arthur.

Morgane parle d'une drôle de voix émue. Ce n'est pas en pensant à son jumeau, mais à cause du dauphin qui n'arrête pas de lancer son cri grinçant, en remuant la tête, là, à vingt mètres à peine. Rémi balbutie :

— ... veux le toucher... Dylan... je veux le toucher !

Flora est stupéfaite. Son frère vient de s'exprimer presque normalement. Elle tapote le bras de Morgane en chuchotant :

— Si seulement maman avait pu l'entendre dire ça !

— Oui... mais en tout cas, explique-lui, toi, que c'est impossible. Comment veux-tu faire ? L'eau est très froide, Dylan est bien trop près de nous, déjà...

Flora jette un regard derrière elle.

— Tu as vu ça, il y a des gens qui descendent vers nous. Il faudrait que Dylan reparte tout de suite...

Morgane se raidit. Rémi s'accroche à ses cheveux.

— Fais attention, Rémi ! gémit-elle. Tu me fais mal. Je vais aller te poser sur le sable, d'accord ?

— Non ! Non !

L'enfant a hurlé, désespéré. Dylan bondit. D'un seul élan, il nage droit vers la plage. Morgane roule des yeux effarés :

— Flora ! Prends ton frère, vite !

Flora attrape Rémi qui se débat en hurlant.

Morgane avance en courant dans la mer et se jette à l'eau. Gênée par ses vêtements, affolée, elle nage pourtant le plus vite possible en pensant de toutes ses forces :

— Dylan ! Retourne au large ! Vite !

Le dauphin se maintient immobile, tout proche. Il agite sa lourde tête d'avant en arrière en poussant des cris plaintifs. Sur la plage, Flora ne sait plus où donner de la tête. Les témoins de la scène l'entourent et lui posent une foule de questions... Mais elle ne répond pas, occupée à calmer son frère tout en surveillant Morgane qui lance d'une voix aiguë :

— Tout va bien, l'eau n'est pas trop froide ! Je vais essayer de chasser Dylan !

Mais Morgane comprend vite qu'il se passe quelque chose d'anormal. Le grand dauphin ne la regarde pas. Il semble fasciné par la silhouette de Flora, qui tient Rémi dans ses bras. Le petit garçon continue d'ailleurs à supplier :

— Je veux le toucher ! Je veux aller dans l'eau...

Dylan se met à avancer prudemment, par mouvements ondulants. Morgane l'attend mais il passe devant elle sans s'arrêter. D'une main, elle parvient à l'effleurer. En vain. Grelottante, essoufflée, elle crie à Flora :

— Il est fou, j'ai presque pied ici !

Un bruit de moteur la fait sursauter. Quelqu'un appelle au même instant. Morgane reconnaît immédiatement la voix d'Arthur :

— Dylan ! Morgane !

Ensuite c'est Yannick qui hurle :

— Es-tu folle ? Sors de l'eau tout de suite !

Le *Cabotin* approche. Morgane dévisage d'un air ahuri son frère et son grand-père, puis elle se précipite, ruisselante, vers la plage. Ce qu'elle craignait tant vient d'arriver : Dylan s'est échoué. Couché sur le flanc, dans trente centimètres d'eau, il crie d'une étrange façon en regardant uniquement Rémi. Flora, muette de stupeur, pose son petit frère. Il patauge pour aller s'agenouiller près du dauphin et commence à le caresser.

Les curieux accourent du village, s'ajoutant aux gens agglutinés autour de Flora et de Morgane, à qui un jeune homme tend sa veste de laine :

— Tiens, mets ça, avec ce vent, tu vas prendre froid !

Une femme murmure :

— Pauvre bête ! Elle va mourir...

Morgane entend d'autres paroles, une ronde de mots qui l'empêche de réfléchir. Elle observe, prise de panique, son bel ami Dylan, étendu sur le sable, impuissant. Son cœur lui fait mal devant cette vision tragique. Arthur doit la secouer par l'épaule pour la faire réagir :

— Oh ! Morgane ! Mais qu'est-ce qui s'est passé ? Il faut remettre Dylan à l'eau, vite...

Elle hoche la tête, en retenant ses larmes. Soudain c'est son grand-père qui la rejoint. Elle ne l'a même pas vu tirer le petit bateau sur le sable, avec l'aide de deux pêcheurs... Sa grosse voix ronflante de colère la réconforte :

— Nous voilà dans de beaux draps ! Quel coup de pub ! Alors, vas-tu m'expliquer ce que tu as fabriqué avec Dylan !

— Papy ! Je n'y comprends rien ! C'est à

cause de Rémi ! bredouille-t-elle. Il voulait absolument le toucher, et on dirait que Dylan l'a deviné. Il a foncé jusqu'à la plage.

Dans le brouhaha des exclamations, des rires de Rémi, du cri des mouettes, Arthur perçoit les appels du dauphin. Après s'être laissé caresser par le petit garçon, Dylan le repousse doucement, du bout de son rostre. Yannick soulève l'enfant en soupirant :

— Ce n'est pas clair, cette histoire ! Flora, tu vas ramener ton frère au calme. Regarde comme il tremble. Mais ma parole, il est brûlant...

Rémi, nez à nez avec la face barbue de Yannick, éclate en sanglots. Tout bas, une main tendue vers sa sœur, il se plaint :

— J'ai mal...

Morgane s'accroche au bras d'Arthur :

— Dis à tout le monde qu'il faut sauver Dylan ! Moi, je vais l'arroser d'eau. Tu sais bien, maman nous l'a expliqué, la peau des dauphins est très fragile, et le soleil tape encore...

Mais tous ceux qui sont là ont compris. Le grand dauphin, d'une pâleur de nacre sous la lumière vive, a besoin d'eux. Il s'est échoué, ils ne savent pas pourquoi, cependant ils n'ont qu'une idée, le secourir.

Yannick hésite à prêter main-forte. Il voit Flora examiner Rémi avec angoisse. Elle marmonne :

— Monsieur, il a l'air vraiment malade ! Et maman n'est pas là. Elle travaille...

— Est-ce qu'il y a un médecin au village ?

— Non, mais à trois kilomètres, il y a le docteur Lanier !

Une voisine de Flora se propose de les emmener. Yannick prend Rémi à son cou :

— Alors, en route ! Arthur, je te confie le bateau. Attendez-moi ici !

Arthur répond un « Oui » haletant. Comme les autres, il pousse le corps de Dylan, les dents serrées, les genoux aspergés par les vagues. Morgane, à côté de lui, s'écrie, désespérée :

— En plus, la marée descend ! Il est trop lourd !

Dylan ne se débat pas. Son petit œil vif s'attache à la silhouette de Yannick qui s'éloigne à grandes enjambées, l'enfant contre lui.

Ils ont compris... Ils l'emmènent. La fragile créature de la terre a besoin d'être soignée. Elle est en danger... Il l'a su de façon précise en se rapprochant d'elle. Alors il a oublié prudence et instinct de survie. Seul comptait le petit être menacé. Maintenant il voudrait retrouver l'eau profonde, sa force câline. On le pousse, on tente de le soulever, il ne peut pas bouger. Les appels de ses amis, le frère et la sœur enfin réunis, le rassurent. Il ressent leur peur, leur chagrin, mais aussi leur courage, leur volonté de l'aider. D'autres créatures de la terre sont là, autour de lui. Toutes ces mains sur son corps, tous ces cœurs battant plus vite, pour lui, il n'oubliera jamais.

Il aimerait tellement leur dire sa joie inquiète, sa confiance, son amour. Un cri grinçant lui échappe. Les sons familiers retentissent aussitôt, comme une réponse apaisante :

— Dylan ! N'aie pas peur !

Soudain il sent l'eau plus profonde sous lui. Une vague le soulève.

Dylan nage sur place, agitant par petits coups timides sa nageoire caudale. Les vagues, de plus en plus amples, le soulèvent, l'enveloppent. Il cherche sans hâte le chemin du grand large, plonge, réapparaît. Soudain, il s'élance, comme pour prouver sa joie, et saute vers le ciel. Il les salue à sa façon. On l'applaudit, on l'acclame.

— Hourra ! hurle en premier le jeune homme qui a passé sa veste à Morgane.

— Oui ! Il est sauvé ! hurle Arthur à son tour.

Tout le monde se félicite et rit de soulagement. Morgane pleure en silence, épuisée. Sur la plage, Arthur et Morgane tombent dans les bras l'un de l'autre. Dylan ne risque plus rien. Une femme demande, enthousiaste :

— Vous le connaissez, ce dauphin, n'est-ce pas ? Vous l'avez appelé Dylan...

Son mari, les mains sur les hanches, ajoute :

— Moi, j'ai vu Jean-Louis, dans la rade de Brest, il y a une dizaine d'années ! C'est peut-être lui qui est revenu...

Arthur hausse les épaules en déclarant :

— Je ne sais pas ! Ce dauphin, il tournait autour de notre bateau depuis deux jours, alors on l'a baptisé Dylan, comme ça, pour s'amuser, c'est tout...

Les discussions se poursuivent. Morgane, qui suivait Dylan des yeux, assise sur le sable, frissonne. Il a disparu. Arthur se penche vers elle et chuchote :

— Je crois que cette fois, il est parti pour de bon.

— J'espère qu'il n'est pas malade ! J'ai cru qu'il était devenu fou... Si tu l'avais vu, rien ne l'a arrêté. Il voulait se rapprocher de Rémi...

Arthur s'accroupit pour parler à l'oreille de sa sœur :

— J'ai à peu près vu ce qui se passait, quand j'étais sur le *Cabotin*... J'ai eu une de ces peurs !

— Chut ! fait Morgane en désignant d'un regard les gens encore présents. On en parlera tout à l'heure.

— Oui, tu as raison.

Arthur entoure sa sœur d'un bras protecteur. Plus question de disputes, après ce qu'ils viennent de vivre. Et puis Morgane lui fait un peu pitié. Les cheveux poisseux, le nez rouge et les joues blafardes, elle claque des dents, malgré la veste de laine. Son propriétaire s'attarde, en marchant le long de la plage. Morgane balbutie, l'air ennuyé :

— J'aimerais bien lui redonner sa veste, mais je vais mourir de froid ! Arthur, tu ne veux pas aller chercher mon poncho, il est près des rochers, là-bas, dans le panier de Flora.

Peu à peu, les curieux se dispersent. Le grand dauphin qu'ils ont remis à l'eau doit être loin, à présent. On salue Morgane, on fait un signe de la main à Arthur. Avec la marée avancent des masses de nuages. Les mouettes volent plus bas, lançant leurs cris qui ressemblent à des plaintes d'enfant.

— Merci, frérot ! murmure Morgane en échangeant la veste contre le poncho.

Dès qu'il voit ça, le jeune homme s'avance :

— Alors, ça va mieux ? Je m'appelle Erwan ! Ravi de vous avoir dépannée ! Dites, vous le connaissez, ce dauphin... Vous m'aviez l'air complètement paniqués !

Morgane dévisage Erwan de son regard bleu. Les prunelles vertes d'Arthur s'assombrissent. C'est lui qui répond, maussade :

— On ne le connaît pas bien, mais on l'aime beaucoup ! Merci pour tout.

— De rien ! Je suis garde-côte ! De congé aujourd'hui... Au fait, votre bateau, faudrait le tirer plus haut sur la plage, à cause de la marée ! Vous voulez un coup de main ?

Arthur se relève. Le *Cabotin* ! Il avait oublié le *Cabotin* ! Soudain plus souriant, il s'écrie :

— Oui, je veux bien !

Tout à coup, Erwan avec ses taches de rousseur, ses yeux en amande, sa carrure d'athlète, lui paraît très sympathique.

10

Le choix de Dylan

— Allez, embarquez, moussaillons ! Vous aurez les jambes trempées, mais au point où vous en êtes...

La voix de Yannick faiblit. Il voulait plaisanter, mais le ton n'y est pas.

— Mais, papy, où est Flora ? proteste Morgane. Je ne lui ai même pas dit au revoir ! Et Rémi, qu'est-ce qu'il avait ? Pourquoi tu es parti avec lui ?

— Et pourquoi ci, et pourquoi ça ! Tu peux attendre cinq minutes, non ?

Morgane se tait. Elle grimpe dans le bateau éclaboussé par les vagues. Ils ont tous les trois de l'eau jusqu'à mi-cuisse. Yannick se hisse le dernier à bord, jurant comme un vieux loup de mer...

— J'en vois de toutes les couleurs, avec vous !

Leur grand-père démarre le moteur. Le *Cabotin* s'élance vers son port d'attache. Arthur et Morgane, un peu inquiets, scrutent la surface de la mer. Pas de trace de Dylan... Bientôt une pluie fine s'abat sur eux. Yannick ronchonne :

— Il y a des cirés sous le banc, couvrez-vous et que ça saute... pas le moment de vous enrhumer.

Morgane en profite.

— Papy ? Tu me racontes, pour Flora ! demande-t-elle.

— On en parlera avec ta mère, d'accord ? Elle est concernée. Pour le moment, j'ai besoin de silence. Je ré-flé-chis...

Après une douche bien chaude, Morgane et Arthur enfilent directement leurs pyjamas. Ils se sentent tout petits, fatigués par les émotions de la journée. Ils n'ont pas besoin d'en parler, ils savent très bien qu'ils éprouvent la même sensation. En entrant dans la cuisine, où les attendent leur mère et leur grand-père, Morgane soupire :

— Je me demande si Dylan est vraiment sauvé. Il était peut-être malade...

— Je ne crois pas, tu verras, il reviendra.

Océane a préparé du potage à la tomate. Le parfum, salé et épicé, flotte dans la pièce la plus chaleureuse du bateau. Yannick boit un grog d'un air songeur.

— Installez-vous, mes chéris ! déclare-t-elle en les embrassant encore une fois.

Ils se jettent un coup d'œil surpris. Déjà, quand ils sont remontés à bord de l'*Odyssée*, en voyant leurs vêtements trempés et la mine sinistre de Yannick, Océane s'est montrée la plus douce des mamans...

— Votre grand-père m'a raconté ce qui s'est passé, il me manque votre version, enfin surtout celle de Morgane, en ce qui concerne l'attitude bizarre de Dylan. Mais nous avons le temps d'en discuter. J'ai une mauvaise nouvelle...

Arthur regarde vite autour de lui, inquiet. Il se rend compte qu'il n'a pas vu la chienne depuis leur retour.

— C'est à propos de Moïse ? Tu as retrouvé ses maîtres... s'écrie-t-il.

— Non, votre Moïse est toujours là. Elle dort dans ma cabine. Je n'en pouvais plus de l'entendre aboyer, parce que vous étiez partis, et son copain Dylan aussi !

Morgane respire mieux. Elle interroge, prise d'un doute terrible :

— C'est Rémi ?

Océane hoche la tête avant de répondre :

— Oui, ma puce ! répond sa mère en hochant la tête. Il est à l'hôpital... Le médecin qui l'a examiné a aussitôt appelé une ambulance pour le faire transporter à Rennes. Flora et sa mère sont auprès de lui.

— Mais qu'est-ce qu'il a ? marmonne Arthur.

— Une méningite. Il devait l'incuber depuis plusieurs jours et elle s'est déclarée aujourd'hui. Heureusement, prise à temps, cette maladie peut se soigner. Par contre, il y a un risque de contagion. La maman de Flora doit me prévenir. Si c'est une méningite bactérienne, vous devrez suivre un traitement antibiotique, ainsi que Flora, sa mère et même papy. Si c'est un virus, le danger est moindre. Enfin pour vous, car il paraît que Rémi est de constitution fragile.

Morgane fronce les sourcils, puis elle fixe sa mère en disant :

— Maman, je suis sûre que Dylan a deviné l'état de Rémi. Si tu l'avais vu se jeter vers lui, on dirait qu'il s'est échoué volontairement.

Yannick s'éclaircit la voix pour ajouter :

— J'ai lu une histoire presque similaire, dans une revue. Un dauphin apprivoisé, habitué à jouer avec des enfants, a détecté que l'un d'eux souffrait d'une méningite. Il le repoussait hors de l'eau, le menait vers son dresseur. Après examen médical, on a compris son attitude...

Arthur se lève à demi de sa chaise, au risque de renverser son bol de potage :

— Et si c'était Dylan, ce dauphin ? Il s'est échappé, mais il a reconnu la maladie qu'avait Rémi...

Océane sourit à son fils. Elle réfléchit un moment avant de parler :

— On ne le saura jamais... En tout cas, je suis sûre d'une chose, vu le nombre de gens qui ont aidé Dylan à reprendre la mer, son incognito est terminé. Alors je ne vois plus l'intérêt d'emmener votre dauphin loin d'ici... Il faudra juste surveiller les curieux, afin qu'ils ne lui donnent pas à manger. Qu'ils le respectent. Tout ira bien, avec un peu de bonne volonté générale !

Morgane se sent soudain plus légère. Arthur rit en silence, de bonheur. Océane n'a pas fini. Ses beaux yeux bleus pétillants de gaieté, elle ajoute :

— Et nous gardons Moïse. De plus, comme elle n'est pas tatouée, qu'elle n'a jamais porté de collier, il y a de fortes chances qu'elle soit tombée d'un bateau étranger. Alors, madame a trouvé un foyer ! Mais attention, pas ses petits. Vous pourrez en parler au collège. Les labradors sont des chiens très appréciés.

Les jumeaux en sont muets de surprise. Pas longtemps. Ils se précipitent sur leur mère pour l'embrasser et la serrer le plus fort possible.

— Oh, doucement, mes chéris ! Je vais étouffer...

Morgane ne tient pas en place. Elle sort en criant :

— Je vais voir notre Moïse ! Tu viens, Arthur ?

— J'arrive !

Dans l'étroit couloir, le frère et la sœur chuchotent :

— Tu crois que c'est grâce à la menace de méningite que maman est si gentille, d'un seul coup ? avance Arthur.

— Peut-être bien... Si c'est ça, tant mieux, je suis trop contente !

Moïse les accueille avec frénésie. Jappements retentissants, coups de langue et gémissements de pur bonheur. Morgane grimpe l'escalier qui mène au pont :

— Suivez-moi, on va appeler Dylan !

Mais ils n'ont pas à guetter à la proue, comme ils l'ont fait parfois. Dès que la chienne aboie, en courant vers le bastingage, un cri aigu, grinçant, s'élève de la mer.

Les enfants assistent, éblouis, au bond fabuleux du grand dauphin. Ce saut extraordinaire ressemble à un message d'amour, comme si, pour eux seuls, Dylan voulait se surpasser ou leur prouver son inépuisable énergie.

Le spectacle continue. Morgane frappe

des mains, Arthur lève les bras au ciel, battant la mesure tel un chef d'orchestre, à chaque pirouette de leur dauphin, la chienne jappe au même rythme... Ils sont tous les quatre merveilleusement heureux.

Pourquoi les quitter ? Son cœur vibre d'émotion et d'affection quand il entend les sons « angel », musique insolite pour lui, mais dont il ne peut plus se passer. L'eau le porte, le caresse, ses amis de la terre dégagent des ondes d'amour. L'immense univers qu'il peut parcourir à son gré, sa liberté durement gagnée, il n'y pense plus. Quand la lumière reviendra, après le temps d'ombre, ils viendront peut-être nager avec lui, le toucher, jouer. Alors il reste, patient, joyeux. Frémissant du plaisir que lui donnent toutes ces acrobaties qu'il a apprises... C'était il y a longtemps, ailleurs, il ne sait plus quand, ni où...

Le lendemain matin, Océane, en conduisant ses enfants au collège, achète le journal. Morgane et Arthur, à l'arrière de la camionnette, une chocolatine tiède à la main, l'observent qui parcourt rapidement des yeux les colonnes.

— J'avais raison ! Écoutez ça : *Hier, vers 15 heures, un grand dauphin, espèce assez commune sur nos côtes, s'est échoué sur la plage de Tringastel. D'après les témoins du drame, il aurait répondu aux appels d'un petit garçon, Rémi..., qui voulait le caresser. Il s'est avéré que le bambin souffrait d'une méningite, virale heureusement, mais détectée à temps pour prévenir toute complication. Une fillette, présente sur les lieux, et dont on ignore l'identité, s'est jetée à la mer pour sauver l'animal, mais ses efforts ont été inutiles. Il a fallu plusieurs personnes pour remettre en eau profonde le cétacé. Certains, après l'incident, ont fait le rapprochement avec la présence d'un grand dauphin dans cette zone, aperçu à plusieurs reprises les jours précédents. Affaire à suivre. Un nouveau Flipper dans nos eaux ?*

— Trop nul ! s'écrie Arthur. Un « nouveau Flipper » !

— Et puis je ne me suis pas jetée à l'eau pour le sauver ! proteste Morgane. Je ne suis pas idiote. Je voulais le repousser au large. En tout cas, c'est chouette pour Rémi... ce n'est pas trop grave, ce qu'il a !

Océane replie le journal. Elle roule au

ralenti avant de se garer devant le collège. Sur le trottoir, Flora attend, assise sur son sac. Morgane lui fait signe par la vitre arrière. Arthur demande à sa mère :

— Tu rentres vite, dis ? Pour surveiller Dylan ! Je n'ai pas envie que des touristes viennent l'ennuyer...

— Ne t'en fais pas ! Je ferai valoir mon autorité de scientifique ! À mardi soir, mes chéris ! Et au moindre mal de tête, téléphonez-moi. La méningite virale est moins dangereuse que la bactérienne, mais on ne sait jamais...

Morgane est déjà descendue de la camionnette. Flora lui saute au cou :

— Ouf ! Tu es là, Morgane ! Je suis tellement heureuse. Rémi va mieux ! Maman a pris huit jours de congé. J'ai eu la peur de ma vie, hier, pour mon frère, pour toi, pour Dylan. Tout, quoi !

— Et moi, alors ! réplique Morgane en riant. Mais rien ne peut arriver à un ange gardien !

Arthur les rejoint, son sac sur l'épaule. Face à Flora, il hésite un moment. Puis il lui tend la main :

— Salut, Flora ! Comment va Rémi ?

— Bien, merci... Arthur.

Morgane sourit intérieurement. Son frère est vraiment d'excellente humeur. Une minute plus tard, elle en reste bouche bée. Arthur déclare :

— Si tu croises Henri, dis-lui de me chercher à la récré. Je lui amené des fiches sur les félins. Après les dauphins, ce sont ses animaux préférés. On y va ?

Ils passent tous les trois le portail du collège.

Une mouette égarée survole les toits les plus proches. À grands coups d'ailes, elle reprend ensuite la direction de la mer. Le vent la guide vers un îlot, à bonne distance de la côte. En passant, elle voit un bateau à l'ancre, avec sur le pont un chien noir couché à la proue... Jouant à saute-vague, un grand dauphin semble monter la garde...

Dans la même collection

1. *Sauvetage à haut risque*
2. *L'ange des mers*
3. *Un ami en péril*
4. *Au cœur de la tourmente*
5. *Le défi d'Arthur*
6. *Morgane en détresse*
7. *Mystère sous l'océan*
8. *L'enfant de la mer*
9. *Dauphins en danger*
10. *La grotte maudite*
11. *Dauphin superstar*
12. *Le secret de Dylan*

Cet ouvrage a été composé par
PCA - 44400 REZÉ
Impréssion réalisée sur Presse Offset par

BRODARD & TAUPIN
GROUPE CPI

La Flèche (Sarthe), le 28-02-2005
N° d'impression : 27144
Dépôt légal : mars 2002
Suite du premier tirage : mars 2005
Imprimé en France

POCKET jeunesse
12, avenue d'Italie • 75627 PARIS Cedex 13

Tél. : 01.44.16.05.00